SHODENSHA
SHINSHO

自己正当化という病

片田珠美

JN110523

祥伝社新書

はじめに

自己正当化という病が蔓延《まんえん》している。精神科医という職業柄、それを痛感する。自信をなくして落ち込んだり、不安で眠れなくなったりして私の外来を受診した方の話を聞くと、その背景に、暴言を吐いても理不尽な仕打ちをしても自分が悪いとは思わない人物が潜《ひそ》んでいることが多いためだ。

逆に、自分自身がこの病に侵されているがゆえに心身に不調をきたすようになることもある。うまくいかないことがあるたびに「私は悪くない」と主張し、他人や環境のせいにしているうちに、周囲から白い目で見られるようになり、自分を取り巻く状況が次第に悪化するからだ。それでも、当の本人は自己正当化をやめようとしない。

このような事態を防ぐには、まず何よりも、他人にせよ自分にせよ自己正当化という病に侵されていることに気づく必要がある。気づかないでいると、向こうが「私は悪くない」と主張し続けているうちにこちらが責任を押しつけられ、悪者にされてしまうかもしれない。

同時に、この病に自分自身も侵されているのではないかと振り返るまなざしも必要だ。気づかぬうちにどんどん進行すると、目の前の現実から遊離してしまい、合理的な判断ができなくなる恐れもあるのだから。

そうなっては取り返しがつかない。だから、自己正当化という病の深刻さに読者の方が一刻も早く気づいて、わが身を守れるようになることを願いつつ、本書を執筆した。

まず第1章では、自己正当化に終始し、自分が悪いとは決して思わない人の具体例を紹介する。次に第2章では、目の前の現実を無視して「私は悪くない」と主張する人の根底に潜む心理と思考回路を分析する。続く第3章では、自己正当化という病に侵された人にしばしば認められる強い自己愛について考察する。

第4章では、安倍晋三元首相銃撃事件について解説する。この事件を起こした男は過酷な家庭環境で育ち、壮絶な生い立ちだったと報じられており、同情に値する。ただ、母親が入信し多額の献金をした宗教団体に対して強い恨みを抱いていたらしく、この恨みによって自身の復讐願望を正当化したふしがある。その点では、自己正当化という病を象徴する人物のようにも見えるので、取り上げることにした。

さらに第5章では、自己正当化という病がはびこる社会的背景を分析し、第6章では、自分が悪いとは思わない人を変えるのが困難な理由について解説する。最後に終章で、自己正当化という病に侵された人への対処法を伝授したい。

この病は実に厄介で、特効薬があるわけではない。しかし、早く気づけば、それなりに対処できる。逆に気づかなければ、それこそ不治の病になりかねない。だからこそ、一刻も早く気づくために是非お読みいただきたい。

なお、本書に登場する一般人の事例は、実際にあったケースをもとに個人が特定されないよう再構成をしており、特定のケースとは無関係である。

目次

第1章　自分が悪いとは思わない人

第2章　なぜ自分が悪いとは思わないのか

第3章　強い自己愛

第4章　安倍晋三元首相銃撃事件

第5章　社会的背景

第6章 自分が悪いとは思わない人を変えるのは困難

終章　対処法

本文DTP　キャップス

第1章

自分が悪いとは思わない人

自分が悪いとは思わない人はどこにでもいる。精神科医としての長年の臨床経験で見てきたなかから、いくつか紹介しよう。

事例1　事件をでっち上げて、部署異動を画策した新入社員A

20代の男性Aさんは、大学を卒業して建設会社に入社したものの、1カ月足らずで出社できなくなった。本人の訴えによれば、「自分が1人で現場事務所にいたとき、知らないおじさんがハンマーを持って入ってきた。そして、『工事の騒音がうるさいんじゃ』と怒鳴りながら、ハンマーを振り回して壁を叩いた。自分も叩かれそうになったので、逃げた。そのときの恐怖が強くて、不安でたまらず、夜眠れなくなった」ということだった。

たしかに、壁に少しへこんだところがあったので、会社側も本人の訴えを信じたようで、「診断書をもらってきなさい」と指示した。そこで、Aさんは私の外来を受診した。私自身も本人の訴えを信用して、休業加療を要するという趣旨の診断書を書いた。

ところが、その後、とんでもない事実が明らかになった。会社の上司がAさんを伴って来院し、本人同席のもとで経緯を説明した。だいたい次のような内容だった。

会社としては、警察に被害届を出すことも検討し、現場事務所の玄関に設置されていた防犯カメラを解析した。すると、当該時刻に外部から誰かが侵入する姿も、Ａさんが逃げ出す姿も写っていなかった。そのかわりに写っていたのは、Ａさんらしき人物が棒のようなもので壁を叩いて回る姿だった。もっとも、Ａさんは外部からの侵入者が現場事務所の壁をハンマーで叩いたのは事実だと主張し続けた。そこで、会社側は、防犯カメラに侵入者の姿が写っていなかったことをＡさんに伝え、被害届も出さなかった。

この話を信用すれば、現場事務所に外部から男が侵入してハンマーを振り回し、壁を叩いたというのは、Ａさんの作り話だったことになる。防犯カメラの映像という証拠がある以上、どちらの主張に信憑性《しんぴょうせい》があるかは一目瞭然だ。だから、私自身もだまされていたような気がして、憤懣《ふんまん》やるかたなかった。

上司が帰ってから、Ａさんと一対一で話したのだが、悪びれた様子は全然なかった。むしろ、「僕は、内勤か営業を希望していたのに、現場に回されて嫌だったんです。大学まで出ているのに、どうして現場で中卒や高校中退の職人と一緒に働かないといけないんですか。何度も『内勤か営業に回してください』とお願いしたのに、『それはできない』と言われた。会社のほうがおかしいのだから、もう辞めてやる」と息巻いた。どうやら、殴り込み事件をでっち上げて、自分がその被害者であるかのように装《よそお》えば、内勤か営業に回してもらえるのではないかという思惑があったようだ。

この会社では、大卒であっても新入社員はみな1度は建設現場に配属されることになっているらしい。現場の事情がわかっていたほうが、内勤や営業の仕事に携《たずさ》わるにしてもいいという考え方による方針だと上司は説明した。だが、それをAさんは受け入れられなかったのかもしれない。

間もなく、Aさんは退社した。もっとも、それまでにも一悶着《ひともんちやく》あって、「給料を1度ももらえないのはおかしい。傷病手当金の診断書を書いてくれ」と私に要求した。しかし、「男が乱入してハンマーを振り回した云々の話はでっち上げである可能性が高いので、そういう診断書を書くと医師が『虚偽診断書等作成』の罪に問われる恐れがある。会社も事情を知っている以上、必要な手続きをしてくれないでしょう」と説明すると、Aさんはそっぽを向いて診察室を出て行った。

一連の経緯を振り返ると、Aさんは自分の希望に沿わない部署に配属されたことが不満で、出勤するのが嫌になり、殴り込み事件をでっち上げれば希望する部署への異動が叶うのではないかと短絡的に考えた可能性が高い。ただ、入社直後で、防犯カメラが設置されていることを知らなかったので、計算通りにはいかなかったのだろう。

事例2　低学歴の先輩に教わることが不満だったB

非常に未熟な考え方だと思うが、似たような思考回路の人はどこにでもいる。たとえば、20代の女性会社員Bさんは、開発部門から営業部門に異動になり、大学時代に理系の学部で学んだ専門知識を生かせなくなったことに不満を募《つの》らせた。そのため、異動から1カ月後に上司に「私は理系出身なので、営業部門は無理です。前の部署に戻してください」と頼んだ。しかし、「たった1カ月では、無理かどうかわからない。もう少し辛抱して頑張ったら、そのうち慣れてくるでしょう」と言われた。翌朝、目は覚めたものの、起き上がれず、出勤できなかった。その後1週間全身倦怠感《けんたいかん》や頭痛が続き、内科で検査を受けても異常が見つからなかったため、私の外来を受診した。

この会社でも、幹部候補ほどすべての部署を経験することになっているらしい。だから、上司の助言はもっともで、営業部門の仕事に少しずつ慣れていけばいいだけの話だし、優秀なBさんならできるだろうと私は思う。

だが、Bさんはそれを受け入れられなかったようだ。Bさんは名門国立大学の出身で、それが彼女のプライドを支えているので、営業部門で自分が見下している大学の出身者に教えてもらいながら慣れていくことに耐えられなかったのかもしれない。

その後、Bさんは診断書を提出して休職したが、病状はなかなか改善しない。もっとも、自分の好きなことだったらできるのか、休職中に恋人と一緒に旅行に出かけ、旅先でマリンスポーツを楽しんでいる様子を撮影した写真をSNSに掲載した。それを会社の同僚が発見して上司に報告し、大問題になったらしいが、悪びれた様子がBさんにはまったく見られない。それどころか、診察中も「私の病気がよくならないのは、私を飛ばした会社のせい」と不平・不満を訴え続けている。

事例3　上司が叱責すると「パワハラです！」と騒ぎ立てるC

私がメンタルヘルスの相談に乗っている企業に、遅刻を繰り返す20代の女性社員Cさんがいた。その分をカバーしなければならない他の社員から苦情がきていたので、40代の上司がやんわりと注意した。しかし、改善の兆《きざ》しが一向に見られない。他の社員の手前もあり、上司が今度は強めに叱責した。すると、Ｃさんは「パワハラです！」と逆ギレし、上司は人事部に呼び出されて、事情を説明する羽目になった。

それと並行して、人事部が周囲の社員にも事情を聞いたところ、Ｃさんが遅刻を繰り返していたことが判明した。また、他の社員もそれに不満を抱いており、上司の叱責の仕方は妥当で、とくに問題になるようなものではないという印象を抱いた社員が多いことも明らかになった。そのため、必ずしもパワハラとはいえないという結論が出た。

もっとも、Ｃさんには悪びれた様子がまったくなかった。それ以降も、以前よりは頻度が減ったとはいえ、Ｃさんは相変わらず遅刻を繰り返しているので、反省したわけでもなさそうだ。しかも、上司は、少しでもきつい対応をするとパワハラで告発されかねないことを学習したのか、その後はＣさんに対してあまり厳しく言わなくなった。だから、Ｃさんはある意味では得したという見方もできる。

事例4　上司のチェックを「監視されている」と訴えたD

このように、自分の落ち度を注意されると、「パワハラ」と騒ぎ立て、「私は悪くない。むしろ被害者だ」と主張する人は少なくない。別の企業でも、30代の男性社員Dさんが「ミスが多い。もっと注意深く書類を作成しろ」と上司から叱責されて書類をいちいちチェックされるようになり、それに不満を募らせたのか、「監視されている。パワハラだ」と訴え、大騒動になった。

もっとも、このDさんのミスでは、同じ部署の同僚の多くが迷惑していたので、上司の叱責もチェックも当然だという声が圧倒的に多かった。何しろ、Dさんは顧客が申込書に記入した内容をパソコンに入力する作業を担当していたのだが、生年月日さえ間違えることがしばしばあったのだから。

それでも、Dさんに悪びれた様子はまったくなく、私との面談でもパワハラ被害を訴え続けた。そこで、あくまでも一般論として「被害者と加害者、両方の言い分を聞かなければ、パワハラとは認定できないんですよ」と説明した。すると、Dさんは激高し、「あんたはうちの会社から金をもらっているくせに、客である社員に向かってなんてことを言うんだ！」と怒鳴り、目の前の机をバーンと叩いた。

たしかに、私はその会社から報酬をいただいているが、面談の対象である社員が「客」という感覚には強い違和感を覚えた。しかし、Dさんのすさまじい剣幕に私は恐れをなし、黙り込んだ。

上司もパワハラを告発されたことで警戒するようになったのか、Dさんが作成した書類をいちいちチェックすることも、厳しく注意することもなくなった。だからといって、Dさんのミスが減ったわけではなく、次の工程の担当者がミスを発見するたびに修正している。その分、確認のための時間がかかるし、修正のための作業も増えるので、一番の被害者はこの担当者かもしれない。

事例５　上司に責任転嫁し、逆ギレするE

遅刻やミスを繰り返して上司から叱責された社員が「パワハラ」と騒ぎ立てて難を逃れようとすることは、どんな会社でも起こりうる。結果的に当の本人が得をすることもある。それに味をしめて文句ばかり言う人もいる。

たとえば、私がメンタルヘルスの相談に乗っている会社で、こんなことがあった。20代の男性社員Eさんは、取引先への対応が拙《つたな》く、先方からクレームが相次いだため、課長から叱責された。それに対して、Eさんは「クレーマー体質の取引先を自分に押しつけた課長が悪い！」「パワハラだ！」などと逆ギレして、大騒動になった。

このように、おおげさに騒ぐことで難を逃れようとする傾向が認められたため、人事部でも問題になった。しかし、誰も厳しく注意できなかった。Eさんが心療内科を受診して、「抑うつ状態」で「配慮を要する」と記載された診断書をもらってきたからだ。しかも、その後、2度休職したため、私とも相談のうえ、あまり負荷のかかる仕事はしばらくさせないという方針が決まった。

Eさんは対人接触が苦手なので、お客様対応が必要な仕事ではストレスを感じるのではないかと配慮して、対人接触のない文書作成の仕事を彼にやらせることにした。普通なら、こうした配慮に感謝するはずだろう。

ところが、文書作成という単純作業が我慢できなかったのか、今度は「自分はこんな仕事をするためにこの会社に入ったわけではない。契約社員の女の子がやっているような仕事を押しつけられ、上司にキャリアをつぶされた」と騒ぎ立てた。しかも、直属の上司の悪口を周りに言いふらしただけでなく、さらにその上の上司に「不当な扱いを受けた」と訴えた。

Ｅさんは、自分が契約社員と同じ仕事をさせられたことに耐えられなかったようだが、直属の上司によると、契約社員よりも文書作成に時間がかかるということだった。そのため、１日にこなせる仕事量が契約社員よりも少なく、一部の契約社員から不満の声があがっていたらしい。このような状況に直面しても、Ｅさんは自分が悪いとは思わなかったし、思いたくなかったからこそ、騒ぎ立てたのだろう。

Ｅさんの訴えを聞き入れて、直属の上司を異動させるとか、本人をもとの部署に戻すとかいう措置を取ったら、果たしておとなしくなるだろうか。責任転嫁が成功し、自分の要求が聞き入れられたのだから、その直後はおとなしくしているかもしれない。しかし、静かにしているのは少しの間だけで、いずれは「こんなストレスのかかる仕事をさせるなんて配慮が足りない」と文句を言い出すのではないかと私は危惧する。

事例6　町工場に勤務するFさんの言いづらい家庭事情を吹聴した社長

小さな町工場に勤務する50代の男性Fさんはうつで休職中なのだが、「最近また調子が悪くなった」と診察時に訴えた。原因を尋ねると、勤務先の社長が他の従業員の前でFさんの噂話をし、「あいつがうつになったのは家族が原因」と言ったと、仲のいい同僚から電話で聞いたということだった。

その同僚が嘘をついている可能性もないわけではない。だが、Fさんによれば、それは考えられないという。第一、Fさんの家庭の複雑な事情を知っているのは、その工場では社長くらいなので、やはり社長が怪しいらしい。

Fさんが幼い頃、母親が蒸発し、その後紆余曲折《うよきよくせつ》あって両親の離婚が成立。また、Fさんの弟は10代で自殺しており、Fさん自身も離婚を経験している。離婚後、Fさんは実家に帰って父親と一緒に暮らしていたのだが、その父親が認知症になった。そのため、夜中に大声で叫んだり、近所を徘徊《はいかい》して警察に保護されたりしたことがあり、それがFさんのうつ発症のきっかけの一つにもなった。

こうした事情を社長が知っているのはなぜか。Fさんの実家と社長の自宅兼工場は近くにあり、Ｆさんの家庭の事情は近所ではよく知られていたからだ。また、現在の社長は二代目で、父親である先代社長にＦさんが拾ってもらったという事情もあるようだ。

Ｆさんは、高校中退の自分を雇い、仕事を教えてくれた先代には心から感謝している。だが、その先代が亡くなり、現在の社長が跡を継いでから居心地が悪くなり、最近それに拍車がかかったという。なぜかといえば、毎朝の朝礼で社長が「メンタルの弱い奴はダメ」「有休を取ると、その分周囲の負担が増えることを忘れるな」といった話をしたからだ。従業員が少ない町工場で心療内科に通院していたのはＦさんただ1人だし、月に1度の受診日には有休を取っていた。だから、Ｆさんが「朝礼での社長の話は自分に対する当てこすりではないか」と疑ったとしても、単なる被害妄想と片づけるわけにはいかないだろう。

しかも、朝礼で社長は「スキルのない奴はダメ」「付加価値を生み出せないから給料が上がらない」などと話すこともあって、これも自分への当てこすりのようにＦさんは感じたらしい。というのも、この工場では最近新しい機械を何台も購入したのだが、それに触らせてもらえるのは若い従業員だけで、Ｆさんは機械の扱い方に関する研修にも参加させてもらえず、これまで通り手作業を続けていたからだ。当然、スキルアップなど望むべくもなかった。もちろん、現在の社長が就任してから、給料は全然上がっていない。

そういう状況もFさんのうつを悪化させる一因になり、とうとう出社できなくなって、休職に追い込まれた。にもかかわらず、Fさんが会社の同僚に知られたくないと思っている家族の秘密を社長は会社でべらべらとしゃべった。それによってFさんの病状がさらに悪化する恐れだってあるかもしれないのに、社長は自分が悪いとは思っていないようだ。

Fさんによれば、社長はこれまでも休職中の社員を笑い物にすることがあったし、悪口を言うことも少なくなかったという。あるときなど、勤務中に機械に片手をはさまれて指先の一部を失った従業員が労災を申請した理由について、「あいつは嫁さんと離婚話でもめていて、慰謝料や養育費を払うのにお金が要《い》るから、がめつくなった」と笑いながら話したようだ。ちなみに、この従業員の労災申請を社長は何とかして阻止しようとしたが、従業員が弁護士に相談して訴えるかもしれないとほのめかしたため、渋々《しぶしぶ》労災申請を認めたらしい。

この従業員の離婚に関して社長が話したことがどこまで本当なのか、わからない。単なる憶測にすぎないかもしれない。ただ、離婚、とくに現在進行中の離婚は多くの人々にとって、あまりおおっぴらにしたくない秘密のはずだ。にもかかわらず、そういう秘密をべらべらと、しかも面白おかしく話すのは、それが悪いことだとは思っていないからだろう。

事例7　他人の秘密を言いふらすことで快感を得る医師G

このように他人の秘密を平気でべらべらとしゃべる人はどこにでもいる。以前勤務していた病院にも、この手の人がいた。新任の男性医師が来て間もなく、Gという男性医師が「あの先生の奥さんは自殺した」という話を病棟で吹聴した。たしかに、新任の医師の妻は精神疾患を抱えていて、自殺したのだが、その話を病棟中に広めるのはどうかと思った。

G医師の被害に遭ったのは1人だけではない。新任の女性医師も、「あの先生は前の病院で無断欠勤してクビになった」という話を病棟中で言いふらされた。この女性医師の話では、たしかに体調が悪くて休んだことはあるが、きちんと部長に電話して「今日は休みます」と伝えたにもかかわらず、無断欠勤したかのように医局中で言いふらされたという。そのため、居心地が悪くなって、大学医局と相談し、勤務先を変えてもらったらしい。

この女性医師が自己正当化している可能性もないわけではない。そもそも、人間というのは、少しでも自分をよく見せたくて、都合の悪いことにはなるべく触れないようにする動物だ。だからといって、無断欠勤してクビという誰にとっても恥ずかしいことを言いふらしてもいいわけではないだろう。G医師は、配慮がなさすぎる。

本人ができれば隠したいと思っていることをG医師に吹聴されたのは、医師だけではない。看護師や事務員なども、「前の病院で不倫していた」「医師との婚約を破棄された」といった話を病棟中に広められたという。この手の話をどこで仕入れてきたのか不明だが、G医師が情報通であることはたしかだった。

こういうことをG医師が繰り返すのは、それが悪いとは思っていないからだろう。それどころか、言いふらされた本人が困惑しているのを見て、G医師はある種の快感を覚えているような印象さえ受けた。そのため、一体どういう神経をしているのかと疑わずにはいられなかった。

事例８　保育士のＨさんを中絶させても謝らなかった不倫相手

不倫が恥ずかしいことかどうかについては議論が分かれるだろう。なかには、不倫を隠したいとも、恥ずべきとも思わないのか、自分が不倫していると堂々と公言したり、むしろ自慢げに話したりする人もいるので、結局は本人の価値観によるのかもしれない。

だが、不倫相手を妊娠させたあげく中絶までさせたら、さすがに価値観の問題と片づけるわけにはいかない。にもかかわらず、中絶によって心身ともに傷ついた相手の女性に一切謝らない男性もいる。

たとえば、20代の保育士の女性Ｈさんは、勤務先の保育所で預かっている子どもの父親と不倫関係になった。やがて妊娠が判明し、出産を希望したところ、「実はまだ妻との離婚が成立していなくて……。今、お前の妊娠がわかると、莫大な不倫の慰謝料を請求されるだろう。そうなれば、お前が産んでも、育てるのは無理だから、堕《お》ろしてくれ。必ず離婚するから」と言われた。Ｈさんとしては、どうしても産みたかったようだが、「必ず離婚するから」という言葉を信じて泣く泣く中絶手術を受けた。

子ども好きのHさんにとって、中絶はかなりショックだったらしく、それ以来妊婦や子連れの女性、不倫相手と同年代の男性を見ると急に涙が出るようになった。さらに、電車に乗るとそわそわして落ち着かず、喉《のど》が詰まったように感じて息苦しくなるという症状も出現した。

やがて、途中下車して休憩する時間を設けないといけないほど悪化し、通勤にも支障をきたすようになったので、勤務していた保育所を退職。退職のもう一つの理由として、保育所で不倫相手の子どもを見るたびに怒鳴りつけたくなるということもあったらしい。

しばらくして、別の保育所に再就職したが、不倫相手がなかなか離婚してくれないため、精神的に不安定な状態が続いた。月経前は一層不安定になってイライラするということで、私の外来を受診した。

Hさんは中絶後も不倫関係を続けていたものの、怒りを抑えられないこともあったようで、「(不倫相手の男性が) 中絶のことで謝りもせず、悪気も全然なさそうな態度なので、腹が立って、『奥さんに全部ぶちまけてやる』と私が騒いだこともあるんです。でも、『お前は、俺が既婚者とわかっていながら関係を続けているので、そんなことをすれば、妻から慰謝料請求の裁判を起こされる。そしたら、お前は負けて払わないといけなくなる』と言われたんです」と話した。この「慰謝料請求の裁判」に関する話は、Ｈさんに対する一種の脅《おど》しのように聞こえなくもない。

たしかに、配偶者の不倫相手に対して慰謝料を請求することは法的に可能らしい。だが、そのことをＨさんの不倫相手が持ち出した背景には、Ｈさんが自分の妻に不倫関係をばらしたら困るので、それを阻止したいという意図があったように見える。つまり、自己保身しか考えていないわけで、不倫相手の女性に中絶させ、その心身を傷つけたことを悪いとは思っていない。だからこそ、謝らないのである。

事例９　Ｉさんを追い詰めた、一方的に話し続けるワンマン社長

Ｈさんの不倫相手は、自分のことしか考えていないように見える。こういう人は、どこにでもいるが、職場の上司だったら本当に困る。

たとえば、40代の男性会社員Ｉさんは、動悸《どうき》と寝汗で眠れず、不安で気分も落ち込むため、仕事に集中できなくなったと訴え、私の外来を受診した。心身に不調をきたした最大の原因としてIさんが挙げたのは、勤務先の中小企業の社長だった。

この社長は70代で、創業者である自分が会社を大きくしたという自負があるのか、かなりワンマンらしい。毎週月曜日には〝ミーティング〟と称する集会があり、全社員に出席が義務づけられているのだが、社長が自分の言いたいことだけ延々と話す。それが2〜3時間続き、しかもダメ出しがほとんどなのだという。

これだけでも、Iさんにとってはかなりのストレスで、じっと我慢してきたのだが、最近さらに耐えがたいことが増えたらしい。仕事をしている最中に、社長がぶらっとやってきて延々としゃべりまくるのだ。

おまけに、社長は「そうやろ」と同意を求めるので、「そうですね」と答えなければならない。たとえ、Iさんが違うと思っても、「そうじゃないのではないでしょうか」などと言おうものなら、「なんでや」と社長から問い詰められる。

あるときなど、社長から突然「5年後はどう考えている?」と尋ねられ、Iさんは答えに窮した。すると、社長は「答えられないのは学歴がないから」と暴言を吐き、さらに

「分析できないやろ？　分析できないのも学歴がないから。俺が教えたるわ」とたたみかけた。

たしかに、Iさんには学歴がない。だからこそ、その分、成果をあげて認めてもらおうと一生懸命頑張ってきたつもりだったので、かなりショックだったという。それ以来、さまざまな症状が出現するようになったのである。

Iさんが何よりもストレスを感じているのは、社長が延々と一方的にしゃべりまくり、しばしば暴言を吐くくせに、自分が悪いとはみじんも思っていないように見えることだという。それどころか、「お前らのために俺が教えてやっている」というスタンスなので、Iさんとしては何も言えない。

第一、この会社は給料がいいらしく、同レベルの給料がもらえる会社を見つけるのは難しそうだ。それもあって、なかなか踏ん切りがつかない。

おまけに、社長は、給料がいいことも〝ミーティング〟でしょっちゅう口に出し、「これだけ払っているんだから、もっと働いて当然」という趣旨の話を延々とする。こういう話を聞かされることも、Iさんにとっては大きなストレスになっているという。〝辛抱料〟

と割り切り、これも給料の一部と思って我慢するには、あまりにも話が長く、独断的だからである。

事例10　Jさんを不眠にさせるほど、細かな注意が多い支店長

上司が延々と繰り返すのが注意だったり叱責だったりすると、さらに深刻な事態になる。たとえば、金融機関に勤務する40代の男性Jさんは、毎日支店長から細かく注意されたり叱責されたりして、眠れなくなったということで、私の外来を受診した。

Jさんは、ハンコがちょっと斜めについてあっただけで、支店長から30分以上ガミガミ言われたり、付箋を貼る位置がちょっとずれていただけで、付箋の貼り方について1時間以上も説教されたりして、疲れ果てていた。Jさんだけがとくに厳しく注意されているわけではない。他の行員も支店長に細かいことでうるさく言われ、閉口しているようだ。だが、支店長は間違ったことを言っているわけではないので、反論しにくいという。

もっとも、あまりにも細かいことを指摘されて、そのチェックに時間がかかるせいで、作業能率が上がらず、この支店の業績は落ちているらしい。その結果、支店長の機嫌が悪くなり、一層口うるさく注意するので、部下が萎縮して、作業能率がさらに低下するという悪循環に陥っていると、Jさんは嘆いた。

支店長の細かさを象徴する次のようなエピソードもある。いつもはあまり使っていない応接室で、他の支店の管理職を招いて会議を行ない、無事に終わって、くつろいでいたところ、壁のカレンダーが1枚めくられておらず、先月のままだったのを支店長が目ざとく見つけて激怒した。その怒り方が半端ではなく、延々と続いたので、行員はみな唖然《あぜん》としたそうだ。

たしかに、カレンダーを1枚めくるのを忘れていたのは落ち度かもしれない。だが、ちょっと注意すればすむことではないか。しかも、普段は使っていない応接室なのだから、仕方がないだろう。他の支店の管理職だって、壁のカレンダーなど気にしていないはずだ。

にもかかわらず、この支店長は延々と説教して部下を辟易《へきえき》させたわけで、これは明らかに完璧主義の弊害だろう。完璧主義は一見いいことのように見えるかもしれない。だが、やり過ぎにつながることもあり、そうなると周囲にとっては大迷惑で、「過ぎたるは及ばざるがごとし」という言葉通りになりかねない。

たとえば、この支店長は店内に落ちていた1円玉を部下に命じて警察に届けさせたことがある。「金融機関なんだから、お金に関して間違いがあってはならない。後からお客様が、1円玉が落ちてなかったかと探しにいらっしゃったら、どうするんだ」というのが、その理由らしいのだが、そんな客って実際にいるんだろうかと首を傾げざるを得ない。

まあ、「1円を笑う者は1円に泣く」という言葉もあるので、1円だっておろそかにはできないとは思う。しかし、いい年をしたスーツ姿の行員が1円玉を届けに来たとき、警官も面食らったのではないか。おまけに、3カ月経っても、持ち主が名乗り出なかったので、わざわざ受け取りに行ったと聞いて、私は吹き出した。

私は部外者なので、笑い話ですむが、この支店長の下で働くJさんをはじめとする行員は息苦しさを感じている。何よりも深刻なのは、間違いがないように綿密に確認することに時間を取られて、肝心の融資業務に支障をきたしていることだ。

だが、その原因が自分にあるかもしれないと想像力を働かせることは、支店長には一切ないようだ。当然、自分が悪いとは思っていないのか、「われわれ金融機関の人間に何よりも大切なのは几帳面《きちょうめん》さ」と口癖のように言い、相変わらず細かいことにこだわり、口うるさく注意し続けているのだとか。

事例11　部下に責任を押しつけるK部長

自分が悪いとは思わない人は、平気で責任転嫁することが多い。

たとえば、50代の総務部長の男性Kさんは、やたらと会議を開きたがり、終了時間を気にせず自分の感覚でダラダラとしゃべる。厄介なことに、K部長の提案に対して部下が少しでも批判したり反対意見を述べたりすると、とたんに機嫌が悪くなり、感情的になって攻撃する。

そのため、部下は賛成するしかなく、会議はK部長の提案や意見を追認するだけの場になっている。もっとも、賛成したらしたで、困ったことになる。K部長の提案を実行して、うまくいかなかったら、K部長は役員に「会議で、○○という部下が強引に推し進めたんです。部下の戦略ミスです。私は『大丈夫か？』と疑問を投げかけたんですが……」などと言い訳して、部下に責任転嫁するからだ。

責任を押しつけられた部下としては、「K部長が提案したんじゃないですか。僕らは賛成するしかなかったから、そうしただけなのに、こっちの責任にされたら困ります」と言い返したいところだろう。しかし、形だけにせよ、賛成したのは事実なので、何も言えない。

もしかしたら、K部長は部下に共同責任を負わせるために、会議を開きたがり、その場で全員が賛成するように仕向けているのかもしれない。そして、自分の思惑通りにいかないとイライラして、批判や反対意見に過剰反応し、感情的になって攻撃するのだとも考えられる。

部下への責任転嫁は、もちろん自己保身のためだろう。現在の地位や収入などへの執着も、それを失うことに対する喪失不安も強いからこそ、わが身を守るために、部下に平気で責任を押しつける。しかも、それが悪いとは思わないので、同じことを繰り返すわけである。

事例12 「割を食っている」と不満を抱く元管理職と定年後再雇用の社員

企業で定期的にメンタルヘルスの相談に乗っていると、「自分は割を食っている」と被害者意識を抱いている人が多いことに驚く。

その最たるものが、役職定年制を導入している会社でポストオフになった元管理職である。一定の年齢に達すると、否応なしに管理職から外され、平社員と同じ仕事をさせられるのだが、なかなか受け入れられないようだ。

ある元管理職は、「30年以上も会社のために頑張ってきたのに、肩書も、権限もなくなり、おまけに給料も下がった。給与明細を見て、愕然《がくぜん》とした」と、面談の際に不満と怒りをあらわにした。

不満と怒りの原因はほかにもあるようで、別の元管理職は「管理職だった頃は、部下が自分の言うことを聞いてくれたのに、ポストオフになったら、若い人が自分の言うことを聞いてくれない。それどころか、無視する奴もいる」と嘆いた。おそらく、部下は役職を見て従っていただけだろう。だから、それがなくなったら、誰も言うことを聞いてくれないのは仕方がないと私は思う。切ないかもしれないが、それが現実である。ところが、その現実を受け入れられないようだ。

また、ポストオフを、「もうあなたには期待していません」「いつ辞めてもらっても結構です」といった会社からの肩叩きと受け止めて、「所詮《しょせん》頑張っても同じだ」と意気消沈する元管理職も少なくない。こういう場合はモチベーションを保つのが難しい。

もっと迷惑な元管理職もいる。自分より年下の上司に「こうしてはどうか」「ああしてはどうか」などと、いろいろ提案するのだ。年下の上司のほうも、「大先輩だし、かなり上のポジションまでいった方だし……」という理由で、かなり気を遣ってはいるのだが、提案内容がちょっと古くさく、デジタル化を推進する今時のやり方にはそぐわないらしい。だから、さすがに採用するわけにはいかないそうだ。

もっとも、そういうことを元管理職に伝えるわけにはいかない。そのため、「検討させていただきます……」と返事してお茶を濁《にご》していると、今度は「この前の提案はどうなった？」としつこく尋ねてくるそうだ。むげに却下するわけにもいかず、どう対応したらいいかと悩んで眠れなくなり、私に相談した上司もいる。

しかも、困ったことに、ポストオフになった元管理職は、しばらく現場の仕事から離れていたので、慣れるまでに時間がかかる。また、手が遅いので、パソコンを使用した書類の作成などは、１日にこなせる量が若手の社員と比べると少ない。そのうえモチベーションも低いのだから、年下の上司や若手の社員の目には「働かないオジサン」のように映ることもある。もっとも、それを面と向かって元管理職に言うわけにはいかず、若手の社員は「働かないオジサンのせいで、こっちの仕事が増えて大迷惑だ」と陰口を叩く。

同様の問題は、定年後再雇用の社員でも起こりうる。いや、もっと深刻になる。給料が大幅にダウンし、そのうえ派遣社員やパートがやっているような単純作業をしなければならないことに不満を募らせ、「これまでは頭を使う仕事をバリバリやっていたのに、こんな誰でもできるような仕事なんか、やってられるか」と愚痴をこぼす。

もっとも、派遣社員やパートと比べると、大幅にダウンしたとはいえ定年後再雇用の社員のほうが給料は高い。しかも、１日にこなせる仕事量も、派遣社員やパートのほうが多いこともある。そのため、派遣社員やパートから定年後再雇用の社員に対する不満が噴出することも少なくない。

「私たちより給料が高いくせに、仕事はしていない。しかも、やる気もなさそう。定年後再雇用の制度を使って会社に残ったのなら、それを受け入れて与えられた仕事をすべきじゃないですか。嫌なら、辞めて再就職先を探せばいいのに」

という厳しい指摘をしたパートの女性さえいる。

彼女の主張は正論だとは思うが、その通りにするのはかなり難しい。そもそも、60歳を超えた方が再就職しようとすると、厳しい現実に直面する。たとえ再就職先が見つかったとしても、収入の大幅減は避けられそうにない。だから、結局これまで長年勤めた会社に再雇用という形で残るしかない。そういう方がほとんどだろう。

このような選択をせざるを得ないのは、年金支給開始年齢がどんどん上がった結果、定年を迎える年齢と年金を満額受給できるようになる年齢の間に開きがあるからだ。その間、生活費をどうやって稼ぐかという問題に誰もがぶつかる。

なかには、面談の際に「年金をもらえないから、仕方なく会社に残っているだけ。給料を大幅に減らされた割に仕事が多くて、やってられない。本当に割を食っていると思う」と不満をぶつけた男性もいる。この男性のように、あくまでも自分は現在の年金制度の被害者というスタンスだと、定年後再雇用という自分の立場を受け入れて、与えられた仕事をこなすのは難しい。

当然、仕事に身が入らず、不満を募らせ、愚痴ばかりこぼすことになりやすい。もちろん、そんな自分が悪いとは一切思わない。結果的に、周囲との摩擦も生じやすく、さらに仕事へのモチベーションが下がるという悪循環に陥りがちだ。

こういう方が被害者意識を抱く理由もわからなくはない。だが、その塊《かたまり》のようになってしまうと、結局自分が損をする。うまくいかない一因に、自分の立場を受け入れられないこともあるのではないだろうか。

事例13　注意されて逆上し、暴行を加えたホストクラブ従業員

他人に暴力を振るったり、暴言を吐いたりして攻撃しておきながら、自分が悪いとは思わない人もいる。

たとえば、２０２２年１月、ＪＲ宇都宮線の電車内で、喫煙を注意してきた男子高校生に顔面骨折などの重傷を負わせたとして、ホストクラブ従業員の20代の男が傷害容疑で逮捕された。

この男は優先席に寝っ転がりながら加熱式たばこを吸っていたという。同じ車両にいた高校生から「やめてもらえますか」と注意されて逆上。高校生を土下座させ、足蹴にするなどしたのだ。

驚くのは、この男が「向こうが先に手を出した。やられたので正当防衛だ」と主張したことである。被害者の高校生は「自分が謝ったら手を出さないですか」と言って土下座したにもかかわらず、その頭を無慈悲に踏みつけ、一方的に殴る蹴るの暴行を加えたようだ。これで正当防衛という主張が成り立つのか、疑問を抱かずにはいられない。

事例14　主治医や救急隊員に「挑発された」と訴え、暴れ出す患者

同様の主張をする患者には何度もお目にかかったことがある。たとえば、総合病院に勤務していた頃、内科を受診した50代の男性患者が激高し、診察机の上にあった書類などを手当たり次第に投げつけ、机の上に上がって医師を威嚇《いかく》した。そういう場合、精神科医が呼ばれるのが常なので、私が呼ばれて話を聞いたのだが、この男性患者は「(内科の主治医に)挑発された」と主張した。

また、別の総合病院の内科に入院していた40代の男性患者は、看護師への暴言やセクハラを繰り返し、治療や食事などに文句ばかり言っていた。どうにかしてくれと病棟の看護師長から頼まれて、私が診察したのだが、自分が悪いとは一切思っていないようで、お手上げだった。あげくの果てに、夜間に無断で外出し、飲酒してきたことがばれて、強制退院。その後、自宅で体調が悪化し、自分で電話して救急車を呼んだのだが、救急隊員を殴って傷害容疑で逮捕された。警察から届いた入院中の行状を問い合わせる文書によれば、この男性患者も逮捕後「（救急隊員に）挑発された」と主張したということだった。

事例15　相手の挑発を口実に、ウクライナ侵攻を始めたプーチン氏

このように相手を攻撃しておきながら、「挑発された」という口実で、あくまでも向こうが悪いと主張する人はどこにでもいる。その典型が、２０２２年2月24日、突然ウクライナに侵攻したロシアの大統領、ウラジーミル・プーチン氏だろう。

ロシア軍はウクライナで病院や学校などにも無差別攻撃を繰り返し、民間人を大量に殺害した。しかし、プーチン氏は、ウクライナ東部のロシア人保護が目的だと侵攻を正当化

し続けた。〝親ロ派〟〝ロシア通〟などと呼ばれる日本の政治家にも、「（ウクライナの）ゼレンスキー大統領が挑発しなければ、こんなことになっていなかった」と主張する方がいて、私は驚いた。おそらくプーチン氏の頭の中でも同じようにウクライナ侵攻が「挑発された」からという理由で正当化されているのだろう。

このように自分自身の攻撃を正当化する人は、「挑発された」という口実をしばしば持ち出す。本人は、あくまでも挑発した相手が悪いと思っているので、自分が悪いとは決して思わない。当然、同じようなことを繰り返すし、反省も後悔もしない。

第2章

なぜ自分が悪いとは思わないのか

なぜ自分が悪いとは思わないのか。この章では、その根底に潜む心理と思考回路を精神分析的視点から分析したい。

自己正当化

どれだけ他人を傷つけても、周囲から批判されても、自分が悪いとは思わない人は、知らず知らずのうちに自己正当化していることが多い。こういう人を突き動かしているのは、主に次の三つの動機である。

①利得
②自己愛
③否認

まず、自分にとって得になると思えば、ひたすら自己正当化する。その主張が本当に正しいのか、ちゃんとした根拠があるのかということは考えない。いや、むしろ、そんなことはどうでもいい。

その典型が、第1章で取り上げた、遅刻やミスを繰り返したり、取引先からクレームが相次いだりして上司から叱責されると、「パワハラ」と騒ぎ立てて難を逃れようとする社員である。パワハラを告発した結果、上司から以前ほど厳しく注意されなくなると、それに味をしめて、同じことを繰り返す社員もいる。

あるいは、自分は悪くないのに、店員の態度や説明に落ち度があったせいで不快な思いをしたとか、損害をこうむったとか難癖をつけて謝罪を要求し、店側の出方によっては特別なサービスや値引きを享受しようとするクレーマーも同類だろう。

また、自己愛が人一倍強い人も、しばしば自己正当化する。もちろん、自分が悪いとは思わない。それどころか、自分の価値観や考え方を他人に押しつけ、それが正しいことを他人に認めさせようとする。

第1章で紹介した、Ｉさんの勤務先の70代の社長が延々としゃべりまくり、「そうやろ」と同意を求めるのも、認めてほしくてたまらないからだろう。それだけ自己愛に由来する承認欲求が強いわけで、それが満たされないと怒り出す人もいる。

しかも、自己正当化ばかりする人は、たとえ自分に落ち度や間違い、欠点や弱点があっても、決して認めようとしない。自らの非をすべて否認し、「悪いのは自分ではなく、相手だ」と強調する。いくら間違っても失言しても、ひたすら否認し、すべて他人のせいにすることによって、自分は悪くないという主張を貫く。

本人は必ずしも自覚していないかもしれないが、だいたい、この三つの動機のいずれかに突き動かされている。一つの動機だけというケースはまれで、複数の動機がからみ合っていることが多い。

たとえば、2021年2月、東京五輪・パラリンピック組織委員会の会長を務めていた森喜朗《もりよしろう》元首相が女性蔑視発言の責任を取り、辞任したが、驚いたことに自分が悪いとは思っていないように見えた。

森氏は、自身の「女性がたくさん入っている理事会の会議は時間がかかります」という発言が問題視されたことについて、「意図的な報道があり、女性蔑視だと言われた」と反論した。また、「老害」と批判されたことに対しても、「極めて不愉快」と怒りをにじませた。これは、口では「大変ご迷惑をおかけしたことを誠に申し訳なく存じております」と言ったものの、本音では「自分が悪い」とは思っていなかったからだろう。

森氏は、「意図的な報道」とマスコミに責任転嫁することによって、自らの非を否認したと考えられる。そうして悪いのは自分ではないと主張できれば、自己愛が傷つかずにすむ。しかも、自分は悪くないという主張が認められれば、今後も〝長〟のつく役職に就けるチャンスがめぐってくるのではないかという思惑があったかもしれず、利得がからんでいたという見方もできよう。

もちろん、森氏がそこまで考えて発言したとは思えない。むしろ、自己正当化する人は、知らず知らずのうちに否認、自己愛、利得という三つの動機に突き動かされていることが多い。その点では、嘘よりも厄介だ。嘘であれば、嘘をついているという自覚があるが、自己正当化の場合、その自覚が欠けていることも少なくないからである。

こじらせる四つの要因

自覚がない分、自己正当化はこじれやすい。自己正当化をこじれさせる要因は、主に次の四つである。

①強い特権意識
②過去の成功体験
③想像力の欠如
④甘い現状認識

強い特権意識

まず、何よりも自己正当化をこじれさせるのは、「自分は特別な人間だから、普通の人には許されないことでも許される」という特権意識だ。首相経験者の森氏は、この特権意識がとりわけ強そうに見える。森氏は、通常数分程度の来賓挨拶でいつも30分以上話していたとの証言があったが、これは「自分だけは許される」という強い特権意識によると考えられる。

先ほど取り上げた、Iさんの勤務先の70代の社長が〝ミーティング〟と称する集会で2～3時間も自分の言いたいことだけ延々と話すのも、Iさんを何かにつけて「学歴がないから」と見下すのも、「自分は社長で、高い給料を払っているのだから、たいていのことは許される」という特権意識があるからだろう。

第1章で紹介した、Fさんの勤務先の町工場の社長が従業員の秘密を平気でばらすのも、Jさんの勤務先の金融機関の支店長が細かいことでいちいち注意し、ガミガミ説教するのも、その根底に強い特権意識が潜んでいるからではないか。

この特権意識は、子どもを虐待する親にもしばしば認められる。「自分は親なのだから、少々のことは許される」という特権意識であり、親自身の願望や要求を満足させることが家庭で最優先されて当然といった自己中心的な思い込みとして表れる。たとえば、子どもが親の言うことを聞かなかったり、親の思い通りにならなかったりすると、暴力を振るう。あるいは、自分の希望する職業に子どもを就かせようとするのも、特権意識に由来する自己中心性のせいだろう。

こうした自己中心性の核心にあるのが、子どもは自分をよく見せるための付属物という認識だ。このような認識が最も強いのは、子どもの気持ちよりも世間体や見栄を優先する親である。

この手の親にとって、子どもは自分をよく見せるための付属物にほかならず、自分の価値を底上げしてくれるバッグや宝石と同等の存在だ。そのため、成績がよく、先生にも気に入られ、友達にも好かれ、習い事でもほめられる〝パーフェクト・チャイルド〟であることを常に求める。さらに、「いい大学」「いい会社」に入り、隣近所や親戚に自慢できるエリートコースを歩んでくれるよう切に願い、叱咤激励する。

その役割を子どもがきちんと果たしてくれれば、親の自己愛は満たされる。だが、逆に子どもが自分をよく見せるための付属物でなくなれば、親の自己愛は傷つく。だからこそ、受験の失敗、あるいは親の価値観に合わない結婚に直面すると、親は怒る。ときには子どもを罵倒する。

しかも、子どもが自分をよく見せるための付属物としての役割を果たしてくれなかったせいで、自分が恥をかいたと親は思っている。当然、恥をかいた自分は被害者で、その原因を作った子どもは加害者という認識に傾きやすく、加害者である子どもを責めてもいいと考える。

そのため、子どもは自分自身の挫折や失敗によって、ただでさえ傷ついているのに、親から責められ、罵倒されて打ちのめされる。しかし、親のほうは、「自分は恥をかかされた被害者なのだから、少々責めても許される」と思い込んでいる。このギャップからさまざまな悲劇が生まれる。場合によっては不登校やひきこもりにつながることもあり、子どもの親に対する暗黙の復讐のように見えなくもない。

自分をよく見せるための付属物として子どもを利用するくらいだったら、まだかわいいもので、なかには「金づる」として利用する親もいる。これも、「育ててやった親なのだから、少々のことは許される」という特権意識に由来する。もちろん、親は自分が悪いとは思わない。

過去の成功体験

過去の成功体験も、自己正当化に拍車をかける。森氏は、「神の国」発言をはじめとして何度も失言や放言で騒動を起こしたにもかかわらず、首相退陣後も自民党の最大派閥、清和会《せいわかい》の領袖《りょうしゅう》を務めるなど、隠然たる影響力を保ち続けた。こうした成功体験が、「自分は何を言っても、結局は許される」という認識につながったとも考えられる。

第1章で取り上げたプーチン氏が2022年にウクライナ侵攻を決断した背景にも、2014年のクリミア併合が成功したことがあるのではないか。8年前の成功体験から「あのときはうまくいったし、経済制裁を受けたとはいえ、何となく許された。だから、今回も大丈夫だろう」と思い込んだとしても不思議ではない。

さらにさかのぼれば、2000年に大統領選で当選してからの成功体験も自己正当化を後押しした可能性が高い。ソ連崩壊後「社会主義の廃墟」となった1990年代のロシアは、「性急な市場経済が混乱を招き、政争や犯罪が広がるカオスの時代だった」のに、2000年に大統領に就任したプーチン氏は、「強運の持ち主で、強権的な統治と石油価格高騰に伴う経済成長により、政治と社会を安定させ、ロシアに初めて大衆消費社会をもたらした」のだから（名越健郎『独裁者プーチン』）。

「カオスの時代」に終止符を打って秩序をもたらしたからこそ、プーチン氏は高い支持率を維持することができた。こうした成功体験によって「自分はロシアを立て直し再び大国に押し上げた功労者なのだから、何をしても許される」という思考回路に陥った可能性が高い。

もっと小さな次元で同様の心理が働くことは日常的に起こりうる。たとえば、上司から叱責されるたびに「パワハラ」と騒ぎ立てるのは、過去にも同じ手法で難を逃れた成功体験があるからだろう。また、Ｉさんの勤務先の70代の社長が延々としゃべり、自社の社員を「学歴がないから」と見下す背景にも、自分が創業者として会社を大きくしたという成功体験があるように見える。

このような成功体験が大きいほど、「これまでの自分のやり方でいい」「これまでも許されてきたのだから、これからも許される」などと思い込みやすく、自己正当化に拍車がかかる。当然、自分が悪いとは少しも思わない。

想像力の欠如

おまけに、森氏は、自分の発言がとくに女性にどれだけ不快感を与えるか、反感や怒りをかき立てるかということに想像力が働かないように見える。森氏の女性蔑視発言は世界中で報道され、とくに欧米ではあきれられたようで、海外在住の日本人のなかには屈辱的な言葉をかけられた人もいるという。しかし、森氏は、自分の発言が日本人のイメージダウンにつながる恐れを想像することさえできず、反省の色はまったくないように見受けられた。

こうした想像力の欠如は、自分が悪いとは思わない人に共通して認められる。その典型のように見えるのが、第1章で紹介した、Hさんに中絶手術を受けさせた不倫相手の男性である。この男性は、中絶が女性の心身をどれほど傷つけ、罪悪感をかき立てるかということに想像力が働かないのではないか。だからこそ、中絶後Hさんが心身に不調をきたしても、一切謝らず、悪気も全然なさそうな態度だったのだろう。

Hさんの不倫相手に限らず、不倫する既婚者には想像力が欠如している人が少なくない印象を私は抱いている。この印象は、配偶者の不倫を知ってショックを受け、不眠や食欲不振、気分の落ち込みや意欲低下などに悩まされるようになった患者を数多く診察してきた精神科医としての長年の臨床経験にもとづく。

たとえば、30代の女性Lさんは、結婚して5年ほど経った頃、夫から突然「子どもができたので、別れてくれ」と言われてショックを受けた。夫は悪びれた様子を一切見せず、「お前が子どもを産めなかったから、俺は他の女と子どもを作るしかなかったんだ」と言い放った。

Ｌさんは、結婚前は正社員として働いていたが、結婚後３年経っても妊娠しなかったので、不妊治療を受けるようになり、そのために会社も退職し、パート勤務に切り替えていたので、余計にショックだったという。しかも、夫の不倫相手はＬさんの高校の同級生だったらしく、Ｌさんは夜眠れなくなり食事も喉を通らなくなって、私の外来を受診した。

とりあえずＬさんは実家に帰って暮らすようになったが、心穏やかな生活を送れたわけではない。孫の誕生を待ち望んでいた姑から何度も電話がかかってきて「向こうに子どもができたのだから、身を退《ひ》いてちょうだい。あなたが子どもを産めなかったのだから、仕方ないじゃない」と言われたからだ。姑の言葉によってさらに傷ついたＬさんは寝込んでしまった。

しかし、夫の不倫相手のお腹はどんどん大きくなり、臨月も近づいたので、Ｌさんは慰謝料をもらって、離婚届に泣く泣く署名捺印した。弁護士と相談し、夫の不倫相手にも慰謝料を請求して、相応の金額を手にしたが、だからといってＬさんの気持ちがおさまったわけではない。

それでも食べていかなければならないので、Ｌさんは以前勤務していた会社に契約社員として雇ってもらった。幸いにも上司や同僚に恵まれ、仕事にもやりがいを感じて徐々に元気を取り戻していた矢先、Ｌさんを打ちのめす出来事があった。再婚した元夫と不倫相手、そして生まれた赤ん坊の３人が写った写真入りの年賀状がＬさんの実家に届いたのだ。この年賀状を見たとたん、Ｌさんは泣きながらビリビリに破いたそうで、正月早々寝込んでしまったという。

Ｌさんの元夫が不倫相手を妊娠させた事実を告げたとき、不倫の理由としてＬさんが子どもを産めなかったことを挙げたのも、元姑がＬさんに電話で暴言を吐いたのも、Ｌさんをどれだけ傷つけるかということに想像力が働かなかったからだろう。さらに、元夫が不倫相手と再婚後、生まれた赤ん坊と一緒に写った写真入りの年賀状をＬさんの実家に送りつけたのも、やはり想像力の欠如によると考えられる。

このように想像力が欠如した人は、残酷なことを平気でやる。第１章で紹介したＦさんの勤務先の町工場の社長、あるいはＧ医師が他人の秘密を平気でばらすのも、同じ理由による。その結果、相手をどれだけ傷つけることになっても、自分が悪いとは思わない点も共通している。

甘い現状認識

甘い現状認識が自己正当化をこじれさせることも少なくない。森氏は、問題の発言をした翌日、「撤回」会見を行なったが、反省の色がゼロにしか見えない「逆ギレ会見」に終わった。形だけ「撤回」して適当に謝罪しておけば、そのうち騒動がおさまるだろうという甘いもくろみが見て取れた。

当然、森氏は囂囂《ごうごう》たる非難を浴びた。そのため、当初は「森会長は謝罪した。この問題は決着したと考えている」との声明を出していた国際オリンピック委員会（IOC）も、手のひらを返して「完全に不適切だ」などと指摘する声明を発表するに至った。その結果、森氏は辞任に追い込まれた。

これは、森氏の現状認識が甘かったからだろう。自分が悪いとは思わず、自己正当化ばかりする人の現状認識が甘いことは少なくなく、「卵が先か鶏が先か」の関係にある。自分は悪くないと思い込んでいるからこそ、現状認識が甘くなるともいえるし、逆に現状認識が甘いからこそ、自分は悪くないと臆面もなく思い込めるともいえる。

こうした現状認識の甘さは、自分が悪いとは思わない人にしばしば認められる。たとえば、第1章で紹介した救急隊員を殴った患者は、「自分は患者で、弱者なのだから、何をしても許される」という甘い認識の持ち主なのかもしれない。それが災《わざわ》いして、逮捕されたとも考えられる。

やはり第1章で紹介した、高校生に殴る蹴るの暴行を加えて全治6カ月の重傷を負わせ、傷害の疑いで逮捕された男にも、現状認識の甘さが認められる。この男は、検察官室で副検事から取り調べを受けた際、「俺暴れるとき、マジで暴れるぞ」と怒鳴り、「犯罪する奴、どこでも犯罪すんねん、わかってんのか」「俺、むかついたら普通にシバき回すぜ」などと脅したうえ、「気をつけろよって言ってんねん、しゃべり方にな」「女には手上げへんけど、男には手上げるからな」と語気強く迫ったという。

一連の悪態は逐一、取り調べの可視化のために検察官室に設置されたカメラに録音録画されていた。そのため、この男は、高校生に対する傷害罪・強要罪だけでなく、副検事に対する公務執行妨害罪でも起訴されたのだ。

検察官室で吐いた暴言からも、この男が高校生に加えた暴行について自分が悪いとは思っていないことがうかがえる。これだけ悪態をつけるのは、やはり現状認識が甘い、平たくいえば〝なめている〟からだろう。だからこそ、「カメラ関係あるかい」と副検事に向かって平気で暴言を吐けるわけで、結果的に公務執行妨害罪が追加された。その分、裁判所で言い渡される罪が重くなっても、心から反省するとは到底思えない。

痛い目に合うまで自分が悪いとは思わない

このように現状認識が甘い人は、痛い目に合うまで自分が悪いとは思わないことが多い。たとえ痛い目に合っても、自分が悪かったと認め、心から反省するかといえば、大いに疑問である。

たとえば、知り合いの40代の女性Mさんは、これまで夫の不倫にさんざん悩まされてきて、「次に夫が不倫したら、証拠をそろえて離婚届を突きつけ、莫大な慰謝料をふんだくってやる」と決意していたそうだ。一人息子が大学に進学して寮で暮らすようになったことも、Mさんの決意を後押ししたように見える。

そうとは知らぬ夫は、性懲りもなく部下の20代の女性と不倫し、ラブホテルやブランドショップなどのレシートを折りたたんで自分の財布に入れていたそうだ。Mさんは、夫の入浴中や就寝中に財布を調べるようにしていたので、すぐに気づき、興信所に依頼して不倫の証拠を集めさせた。レシートが出てきたラブホテルを興信所に伝えたところ、夫と不倫相手のツーショット写真がすぐに撮れたという。さらに、弁護士にも相談し、離婚届をはじめとする書類を準備しておいた。

準備万端整えたうえで、夫が出張と称して不倫相手と一緒に旅行に行っている間に、引っ越し業者を呼んでMさんと息子の荷物だけを実家に送った。そのうえ、夫と暮らしていた家のリビングのテーブルに署名捺印した離婚届と弁護士の名刺、さらに「今後はすべて弁護士を通してください」という置き手紙を残して、Mさんは実家に戻った。しかも、夫の勤務先の会社と不倫相手の実家に不倫を告発する文書を内容証明郵便で送りつけた。

旅行から帰ってきた夫は、離婚届と置き手紙を見て、あわててMさんの実家に電話してきた。しかし、電話に出たMさんの父親が「娘はここにはいないから。これ以上電話しないでくれ。娘と連絡を取りたいのなら弁護士を通してくれ」と告げたところ、夫は「これまでも僕が謝れば、(Mさんは) 許してくれたのだから、今回も許してくれるはず。直接会って謝りたい」と泣きついたという。

夫は「謝れば許してもらえる」と思い込んでいたようで、弁護士にも「妻に直接会って謝りたい」と話したらしい。それを聞いて、Mさんは激怒した。「謝れば許してもらえると思っていること自体、甘いのよ。これまで自分がしてきたことを悪いとは思っていないし、反省もしていないから、そんな甘い考えが出てくるんだわ。だから、絶対許さない」というのがMさんの言い分だった。

Mさんは弁護士と相談し、夫に「Mさんが要求している額の慰謝料を払って離婚してくれないのなら、裁判を起こすしかありません。訴状には、現在の請求額の数倍の金額を記載するつもりです」と伝えてもらった。弁護士は、「裁判になったら、不倫の事実が詳細に赤の他人の前で暴露されますよ。会社にも通達がいくかもしれません。これだけ不貞行為の証拠がそろっている以上、奥さんのほうが勝つ確率が高いと思いますよ」と付け加えるのも忘れなかったらしい。

おまけに、夫の不倫を告発する文書を勤務先の会社に内容証明郵便で送りつけておいたことが功を奏したのか、夫は子会社に出向させられた。不倫相手も会社に居づらくなったのか、退社することになった。

収入が激減したこともあって、夫はMさんが要求した額の慰謝料を払うことを最初は拒否していた。だが、裁判になったら困るという計算が働いたのか、渋々ながら離婚に応じた。慰謝料は分割払いで、支払いが滞《とどこお》ったら、給料を差し押さえるということで合意した。結局、夫の「謝れば許してもらえる」という甘い認識は木っ端みじんに吹っ飛んだのである。

Mさんの夫が40歳を過ぎても「謝れば許してもらえる」という甘い認識を持ち続けていたのは、妻の反応に無頓着で、妻がどれだけ怒っているかに考えが及ばなかったからだろう。いや、むしろ目を向けようともせず、部下の若い女性との不倫に溺《おぼ》れていたのかもしれない。

“夢追い人”の現実否認

このように目の前の現実を直視しようとしない人は、どうしても認識が甘くなりやすい。そのせいで軌道修正がなかなかできず、気づいたときにはもはや手遅れに近いことも少なくない。

たとえば、もうすぐ40歳になる無職の男性Nさんは、これまで心療内科や精神科を何軒も受診したが、「どこに行っても理解してもらえなかった」と訴えて私の外来を訪れた。

Nさんは、大学卒業後会社に就職したものの、音楽への夢を捨てきれなかった。音楽大学を出たわけではないが、音楽で食べていきたいという夢を諦めきれなかったのだ。そのため、アマチュア音楽家として活動しながら、事務や接客などをしていたが、仕事に身が入らず、職を転々としてきた。

だからといって、プロになるために死に物狂いの努力をしたわけではないらしい。もちろん、オーディションを受けたこともないし、音楽事務所にデモテープを送ったこともない。ただ、プロの音楽家になりたいという夢だけが、そのときどきの仕事に対する不満に比例してふくらんでいく一方だったようだ。

当然、どんな職に就いても「これは自分が本当にしたい仕事ではない」という思いにさいなまれ、上司や同僚との人間関係でイライラすることも少なくなかった。出勤しようとすると、吐き気や動悸、頭痛や腹痛などの症状が出現することもあったので、20代後半から心療内科や精神科を受診し、「適応障害」の診断で通院していた。もっとも、処方された薬を服用しても、病状はなかなか改善せず、どの医師に対しても不満と不信感を募らせていたという。

私の外来を受診する1年ほど前には、当時勤務していた会社を辞めてしまった。その後転職先を探したが、なかなか見つからず、家賃を払うのが難しくなり、仕方なく実家に帰って生活するようになった。もっとも、実家では、年金暮らしの母親と顔を合わせるたびに「頼むから、ちゃんと働いて」と言われるそうで、気が休まらないとか。

やがて、音楽家として認めてもらえるのではないかと一縷《いちる》の望みをかけ、ピアノ演奏をYouTubeで配信するようになった。しかし、再生数も登録者数もほとんど増えず、収益化にはほど遠い状態が続いており、貯金も底をつきかけたので、不安がさらに強くなったという。

これまで診察を受けた医師に対して不満を抱いた原因を尋ねたところ、たとえば、ある精神科医から「未熟」と言われたことだという答えが返ってきた。40歳近くなっても、夢を見続けていて、しかもその夢を叶えるための努力を必死でやっているようにも見えなかったので、この精神科医はそう指摘したのだろう。

正直なところ、私も心の中では同感だった。だが、「未熟」という言葉を口にすると、Nさんが反発するだろうと容易に予想できた。そこで、「もっと目の前の現実を見たほうがいいかもしれませんね。そうしないと生活していけないでしょう」と婉曲《えんきょく》に助言した。その後、私の外来には来なくなったので、また別の医師の外来を訪れて、前医である私への不満を訴えているかもしれない。

Nさんは典型的な〝夢追い人〟のように見えた。〝夢追い人〟に「これまでの自分のやり方が間違っていたとは思わず、軌道修正もしないから、行き詰まっている」と指摘するのは酷かもしれない。だが、実際のところNさんは目の前の現実を直視しようとせず、夢ばかり見続けて、その夢を実現するための努力もしてこなかった。その結果、生活に支障をきたしているのだから、自分の生き方を見つめ直し、これまで通りではいけないと反省すべき時期にきていると私は思う。

もちろん、夢を捨てるのは耐えがたいだろう。しかし、10代や20代ならともかく、もうすぐ40歳を迎えようとする大の男が相変わらず〝夢追い人〟であり続けるのはいかがなものか。

Nさんの次の仕事がなかなか見つからないのは、面接に行っても、落とされるからだという。こうした状況は、40歳を過ぎたらさらに厳しくなるだろう。だから、もうそろそろ夢を追い続けるのはやめて、食べていくための仕事を地道にやりながら、音楽は趣味と割り切るべきというのが私の見解だ。

以前Nさんを診察した別の精神科医も、同じ意見だったので、それができない彼に「未熟」と指摘したのではないだろうか。しかし、Nさんとしては受け入れられず、その精神科医の元には通わなくなった。私も目の前の現実に目を向けるようにというNさんの耳には痛いと思われる助言をしたので、それ以降は来院しなくなった可能性が高い。

要するに、Nさんは、厳しい現実から目をそむける現実否認を続け、ずっと〝夢追い人〟でいたいのだろう。ところが、それを押し通そうとすると、心身にも生活にも支障をきたすので、医師の診察を受けるわけだが、Nさんが望むようなことを言ってくれる医師ばかりではない。むしろ、多くの医師は問題を指摘し、軌道修正をするようにと助言する。それを受け入れられないからこそ、Nさんはさまざまな医師の元を訪れる「ドクターショッピング」を繰り返してきたと考えられる。このまま軌道修正を拒否し続けていたら、気づいたときには〝時すでに遅し〟という状態になっているのではないかと危惧している。

「暗点化（scotomisation）」

Nさんがいい年をして〝夢追い人〟でいられるのは、自分には素晴らしい音楽の才能があるのに、それに誰も気づいていないだけと思っているからかもしれない。

もちろん、Nさんには音楽の才能がないと断言することはできない。だが、Nさんが作った曲や演奏が素晴らしく、聴衆の心を打つものだったら、YouTubeでの再生数も登録者数も増えるのではないか。ところが、実際にはそうなってはいない。だから、少なくとも現代の多くの聴衆を感動させ、惹《ひ》きつける音楽ではないと認識すべきだろう。

それができないのは、周囲からそれほど高い評価を受けているわけではない、いや、むしろ全然認められていないという現実が意識からすっぽり抜け落ちているからかもしれない。このように自分にとって不都合な事実や思い出したくない出来事が意識からすっぽり抜け落ちる現象を、フランスの神経学者、シャルコーは「暗点化（scotomisation）」と呼んだ。

「暗点」とは視野の中の欠損部分であり、それによって見えない箇所が生じる。同様に、意識野に「暗点」ができて、ある種の体験や出来事があたかもなかったかのように認識されるのが「暗点化」である。

「暗点化」という用語は、その後現実否認のための防衛メカニズムの一種としてラカンやラフォルグなどのフランスの精神分析家によって使われるようになった。自分にとって都合の悪いことや望ましくないことが意識にのぼってこないようにして、葛藤を避けるための無意識のメカニズムと考えられている。

この「暗点化」は誰にでも起きうる。たとえば、進入禁止や一歩通行の交通標識が立っている道路に進入して警官に尋問されたドライバーが、「標識が見えなかった」と答えることがある。嘘をついているように思われるかもしれないが、「暗点化」のせいで自分にとって都合の悪い標識が見えなかった可能性もある。

また、２０２０年7月1日からレジ袋が有料化されたが、コンビニのレジで「そんなことは知らなかった」「そんな表示はどこにもなかった」と怒り出す客がかなりいたそうだ。レジ袋有料化についてはかなり前から報道されていたし、その告知も店内に貼り出されていた。にもかかわらず、自分にとって都合の悪い報道も告知も見ようとしなかった客が一定の割合でいたのではないか。

そもそも、自分の見たいものしか見ようとしないのが人間という動物だ。だから、「暗点化」は誰にでも起きうる。これは心穏やかに暮らすための自己防衛の手段なので、当然ともいえる。

もっとも、「暗点化」が起きやすい人と起きにくい人がいる。「暗点化」が起きやすいのは、だいたい自分には〝非〟がないと思い込む人である。こういう人は、強い自己愛の持ち主であることが多い。

何を〝非〟とみなすかは、人それぞれだ。〝夢追い人〟にとっての〝非〟とは、自分に才能がないことにほかならない。当然、そういう〝非〟がないと思い込むことは、自分には才能があるという信念につながりやすい。

実際に才能があるかはともかく、才能があると本人が思い込んでいるからこそ、〝夢追い人〟になり、それをずっと続けようとする。裏返せば、客観的に見て才能がない場合、本人は自分自身を過大評価していることになる。こうした過大評価は、不都合な事実が意識からすっぽり抜け落ちることによって初めて可能になるのであり、「暗点化」のメカニズムが働いていると考えられる。

自分の〝非〟が、遅刻やミスなどの落ち度の場合も、「暗点化」は起こりうる。たとえば、第1章で取り上げたCさんが遅刻を繰り返していたにもかかわらず、上司から叱責されて「パワハラ」と逆ギレしたのは、自分が遅刻を繰り返していたという不都合な事実が意識からすっぽり抜け落ちていたからかもしれない。

同様に、ミスを繰り返していたDさんや取引先への対応が拙かったEさんが、自分の落ち度は棚に上げてパワハラ被害を訴えたのも、不都合な事実が本人の意識の中ではなかったことになっていたからかもしれない。いずれの場合も、「暗点化」のメカニズムが働いたと考えられる。

ここで見逃せないのは、本人が必ずしも嘘をついているわけではないということだ。少なくとも、本人の認識では、嘘をついたつもりは毛頭ない。自分にとって不都合な事実が知らず知らずのうちになかったことになっていただけの話である。

周囲の目には、都合がよすぎるように映るし、ときには反感を買うかもしれない。しかも、「暗点化」によって自分の〝非〟がなかったことになると、どうしても相手の落ち度が目につきやすい。

たとえば、先ほど紹介したＭさんは、実家に戻ってから１度だけ弁護士同伴で夫に会ったのだが、その際夫から「どうして不倫に気づいたのか」と尋ねられた。不倫の証拠は十分そろっていたので、Ｍさんはつい正直に「財布を調べたら、ラブホテルのレシートが出てきたから」と言ってしまった。すると、夫は激怒し、「なぜ他人の財布を勝手にのぞくんだ。弁護士さん、そんなことしていいんですか。そうやって集めた不倫の証拠は無効なんじゃないですか」と怒鳴ったそうだ。

Ｍさんの夫がこんなことを平気で言えるのは、不倫という自分の〝非〟が「暗点化」によってなかったことになっているからかもしれない。お金を盗んだわけではないのだから、配偶者の財布を勝手に調べることと不貞行為という配偶者への裏切りを天秤にかければ、後者のほうが罪が重いのは、ちょっと考えればわかりそうなものだ。ところが、Mさんの夫は、自分の〝非〟は棚に上げて、妻の落ち度を責めた。このように「暗点化」が起きると、どうしても他人を責める傾向、つまり他責的傾向も強くなる。それが一番厄介である。

〈例外者〉

遅刻やミス、対応の拙さや不倫などの自分の〝非〟は棚に上げて、相手の落ち度を責める人は、自分が悪いとは思わない。それどころか、むしろ自分は被害者という認識を持っていることも少なくない。このように被害者意識が強い人のなかには、〈例外者〉と呼ばれるタイプもいる。

〈例外者〉とは、フロイトによれば、自分には「例外」を要求する権利があるという思いが確信にまで強まっているタイプである（ジークムント・フロイト「精神分析の作業で確認された二、三の性格類型」）。その根底には、「不公正に不利益をこうむったのだから、自分には特権が与えられてしかるべきだ」という思い込みが潜んでいることが多い。

もちろん、フロイトの炯眼《けいがん》が見抜いたように、「人間が誰でも、自分はそのような『例外』だと思い込みたがること、そして他人と違う特権を認められたがるものであることには疑問の余地がない」（同論文）。

誰だって、レストランやホテルで「例外」として扱われ、特別いい席や部屋に案内されたら、悪い気はしないだろう。また、たとえ法に触れるようなことをしても、自分だけは「例外」として見逃してほしいという願望を抱いている方も少なくないはずだ。

こうした願望が誰の心の奥底にも程度の差はあれ、潜んでいることは否定しがたい。ただ、自分だけに例外的な特権を認めてほしいという願望が人一倍強く、認められて当然とさえ思い込んでいるタイプがいる。それが〈例外者〉である。

もっとも、そういう願望を抱いても、名家の御曹司か大金持ち、よほどの美貌か図抜けた才能の持ち主でもない限り、許されるわけがない。そこで、自分自身の願望を正当化するための理由が必要になる。

それを何に求めるかというと、ほとんどの場合自分が味わった体験や苦悩である。〈例外者〉は、自分には責任のないことで「もう十分に苦しんできたし、不自由な思いをしてきた」と感じ、「不公正に不利益をこうむったのだから、自分には特権が与えられてしかるべきだ」と考える。

何を「不公正」と感じるかは人それぞれである。容姿に恵まれなかった、貧困家庭に生まれた、病気になった、理不尽な仕打ちを受けた……など、さまざまだ。本人が不利益をこうむったと感じ、運命を恨む権利があると考えれば、それが自分は〈例外者〉だと思う口実になる。ときには、「あらゆる損害賠償を求める権利」を自分は持っているのだから、普通の人が遠慮するようなことでも実行してもいいと自己正当化する。

たとえば、第1章で紹介した、Iさんの勤務先の70代の社長は創業者であり、世間から見れば成功者の部類に入るだろう。この社長は、実は子どもの頃に父親が借金を作って蒸発したとかで、母子家庭で育ち、かなりお金で苦労したらしい。そのせいか、若い頃は相当あこぎなこともしていたようで、毎週の〝ミーティング〟でも「金儲けのためなら何でもしてきた」と豪語し、同じようなことを社員に推奨するという。

そういう話が延々と続くので、法に触れるようなことまでやらされるのではないかとIさんは不安になるそうだ。それが強いストレスになり、心身のさまざまな症状が出現しているように私の目には映る。

この社長のように、幼少期に貧しい家庭で育った人が、大人になってから金銭に異常に執着し、金儲けのためには手段を選ばず、「金にきたない」と言われるようになることは珍しくない。こういう人も〈例外者〉であり、自分がこうむったと感じている不利益に対して損害賠償請求をしたいという気持ちが非常に強いと考えられる。

もちろん、自分が〈例外者〉であることを要求する理由として挙げる体験や苦悩には、同情すべきものが多い。ただ、自分がこうむった不利益に対して損害賠償請求をしたいという気持ちがあまりにも強いせいか、「自分はこんなに不利益をこうむり、大変な目に遭ったのだから、これくらいは許されてもいいはず」と考え、自分が例外的な特権を要求することを正当化しがちである。

こうした正当化からは、「裏返しの特権意識」とでも呼ぶべきものが芽生えやすい。これは、他人が遠慮するようなこと、あるいは通常はばかられるようなことでも、実行する権利があるという思い込みにしばしばつながる。その結果、暴走することもあるが、たとえ不正を働いても、他人を傷つけても、自分が悪いとは思わない。

サディスト

第1章で紹介した、Fさんの勤務先の町工場の社長、あるいはG医師のように他人の秘密を平気でばらす人はどこにでもいる。こういう人は、他人が困ったり苦しんだりする様子を見てほくそ笑む。他人の苦悩や苦痛に強い快感を覚えるわけで、サディストと呼んでも差し支えないだろう。

もちろん、「他人の不幸は蜜の味」という言葉があるように、隣人や友人が不幸な目に遭うと、「気の毒に」「かわいそうに」などと言いながら噂話のネタにする方はいるかもしれない。あるいは、同情を覚えるどころか、不幸な隣人や友人と比べると自分のほうがましなように思えて、むしろ何となくほっとする方もいるかもしれない。もしかしたら、正直なところ自分がとばっちりを受けない限り、他人の不幸などにあまり興味はないという方が多いかもしれない。

だが、他人の不幸に強い快感を覚えるとなると、明らかに次元が違う。サディストの側面を有しているのではないかと疑いたくなる。こうした傾向が高じると、虐待やいじめの様子を動画に保存して楽しむようになることもある。

たとえば、２０２１年９月、岡山市で当時５歳だった女児が鍋の中に長時間立たされる虐待を繰り返し受けたうえ、全身に布団を巻きつけられて約１時間半にわたり押し入れに放置された。この女児は意識不明の状態になり、救急搬送されたが、低酸素脳症に陥って、翌２０２２年１月に死亡した。

この事件では、女児の30代の母親、そして母親と不倫関係にあった30代の男が逮捕され、監禁致死と強要の罪で起訴された。驚くことに、逮捕された男は、死亡した女児を鍋の中に立たせる前、「今日も楽しい時間が始まる」と言っていたという。しかも、室内に複数のカメラを設置し、スマホで女児の様子を遠隔で監視していたらしく、女児が鍋の中に立って号泣する様子も写っていた。

このように被害者が苦しむ様子を撮影して保存するのは、それを見ることに快感を覚えるからだろう。同様の仕打ちがいじめの被害者に行なわれることもある。

たとえば、２０１９年10月に発覚した神戸市の小学校における教員間いじめ。２０１８年から２０１９年にかけて、小学校の40代の女性教員１人と30代の男性教員３人が、20代の男性教員に対して暴力や暴言などのいじめ行為を繰り返していたというのだが、なかでも凄絶《せいぜつ》だったのが、羽交《はが》い締《じ》めにして激辛カレーを無理矢理食べさせたいじめだ。

しかも、激辛カレーを強要されてのたうち回る被害教員の様子を撮影した〝激辛カレー強要動画〟が拡散している。どうやら加害教員が別の男性教員に命じて撮影させたものらしい。加害教員は、いじめの模様を「面白かった」と児童に伝えることもあったと報じられており、被害教員が困ったり苦しんだりする姿を見たいというサディスティックな欲望を抱いていた可能性が高い。

この手の欲望が高じると、被害者が苦しむ様子をいつでも見て楽しみたいという気持ちが強くなる。だからこそ動画に保存しておくのだろうが、それが結果的に自身の加害行為の証拠になるということには想像力が働かないようだ。

それだけ他人の苦しみを見て強い快感を覚えるわけで、自分自身の快楽を他人の苦悩や苦痛よりも優先させる。だから、いくら謝罪の言葉を口にしても、謝罪コメントを出しても、心から反省し、本当に自分が悪かったと思っているのか疑問である。

第3章

強い自己愛

第2章で述べたように、自分が悪いとは思わない人はしばしば自己正当化する。その根底には強い自己愛が潜んでいることが少なくない。

このような強い自己愛の持ち主を精神分析では「ナルシシスト（Narcissist）」と呼ぶ。自己正当化という病に侵された人には、アメリカの精神科医、グレン・ギャバードが「無自覚型のナルシシスト（Oblivious Narcissist）」と呼んだタイプがとくに多いように見える。

「無自覚型のナルシシスト（Oblivious Narcissist）」

ギャバードは、強い自己愛の持ち主であるナルシシストを「無自覚型」と「過剰警戒型（Hypervigilant Narcissist）」の二種類に分けたのだが、本書でこれまで紹介してきたケースはだいたい前者の「無自覚型」に該当する。

ギャバードは、「無自覚型」の特徴として次の六つを挙げている。

(1)他人の反応に気づかない
(2)傲慢《ごうまん》で攻撃的

(3)自己陶酔
(4)注目の的《まと》でいたい
(5)〝送信器〟はあるが、〝受信器〟がない
(6)他人の気持ちを傷つけることに鈍感

まず、(1)他人の反応に気づかないのは、自分が他人に及ぼす影響に無頓着かつ無自覚だからであり、第2章で指摘した想像力の欠如によるところが大きい。だから、第1章で紹介した、Iさんの勤務先の70代の社長のように、相手がうんざりしていようが、迷惑がっていようが、お構いなしに自分の言いたいことだけ延々と話す。しかも、自分の言動が相手を深く傷つけても、ショックを与えても、まったく気づかない(6)鈍感さも認められる。

これは、(5)〝送信器〟はあるが、〝受信器〟がないことと密接に関連している。たとえば、第1章で取り上げたCさん、Dさん、Eさんが、遅刻、ミス、取引先への対応への拙さといった自分の〝非〟を棚に上げて、パワハラ被害を訴えたのは、自分の受けた被害をことさら主張する〝送信器〟ばかりが発達しているからだろう。

しかも、自分の送信するメッセージが相手にどのように受け止められるかに想像力が働かない。いや、そもそも想像してみようとさえしない。当然、敵意や反感を買う。だが、それを敏感にとらえる〝受信器〟がない。たとえ〝受信器〟があっても、その感度が非常に低い。あるいは、薄々感じてはいても、しばしば「どうでもいい」と軽視して、意に介さない。

こうした傾向が高じると、自分のことばかり考えて、他人にほとんど興味を持たない人間になりかねない。その典型として、ドイツで生まれ、アメリカに亡命したユダヤ人の精神分析家、エーリッヒ・フロムは次のような例を挙げている。

「ある作家が友人に会って、長い時間、自分のことを話した。そしてこう言った。『ぼくのことばかり長々と話してしまった。今度はきみのことを話そう。ぼくの最新作をどう思った？』」（エーリッヒ・フロム『悪について』）。

この男性は、先ほど取り上げた、Ｉさんの勤務先の70代の社長を彷彿《ほうふつ》させる。２人とも「他人に興味を持つとしても、それは自分を反映する存在としてでしかない。他人に手を貸したり親切にふるまったりすることもあるが、それはそうしている自分を見たいからであり、そのエネルギーは相手の立場から見ることではなく、自分を賞賛することに費やされる」(同書)。

こういう人は、自己満足、さらには(3)自己陶酔に陥りやすい。現実的な根拠が必ずしもあるわけではないのに、「自分はこんなにスゴイ」と思い込み、周囲が見えなくなるのだ。そのうえ、先ほど取り上げた〝受信器〟の機能不全があると、周囲の反応に全然気づかず、自己陶酔に歯止めがかからない。

とくに、(4)注目の的でいたいという自己顕示欲が強いと、注目を浴びるためなら何でもするので、暴走にさらに拍車がかかりやすい。

プーチン氏もナルシシスト

その典型のように見えるのが、プーチン氏である。プーチン氏の自己愛が人一倍強いことは、上半身裸で運動したり、熊にまたがったりした写真を公開し、その写真が掲載されたカレンダーを販売しているところにもうかがえる。だからこそというべきか、ウクライナ侵攻についても「ロシアの安全保障のために始めた。明らかにほかに方法がなかった」

と正当化し続けてきた。

それだけではない。２０２２年６月12日、自国の祝日である「ロシアの日」にちなんで開かれた式典で演説した際、１７２１年にスウェーデンとの北方戦争に勝利して領土を拡大した帝政ロシアの初代皇帝、ピョートル大帝に「とくに敬意を表する」と述べたのだ。

おそらく、大国の礎《いしずえ》を築いた帝政ロシアの初代皇帝の威光を借りてウクライナ侵攻を正当化したいという思惑があったのだろう。だが、うがった見方をすれば、ピョートル大帝と自分を重ね合わせているようにも見え、自己陶酔に陥っているのではないかと疑いたくなる。

自己陶酔に陥りやすいのは、自己愛が強く、自分自身を過大評価しており、⑴他人の反応に気づかない人である。しかも、プーチン氏もそうだが、自分自身を過大評価していると、どうしても⑵傲慢で攻撃的になりやすい。これは、自分が悪いとは思わない人に必ずといっていいほど認められる特徴だ。

おまけに、自分自身を過大評価していると、第２章で指摘した特権意識も抱きやすい。本書で紹介したケースの多くが程度の差はあれ特権意識を抱いていて、傲慢なのは、自分自身を過大評価しているからだろうが、こうした傾向がプーチン氏はとくに強いように見受けられる。

〈例外者〉も自己愛が強い

自己愛が強いという点では、第2章で取り上げた〈例外者〉も同様である。もちろん、顔も頭もいい人、あるいは裕福な名家で生まれ育った人をうらやましく思い、「なぜ自分は美人女優のような美貌の持ち主ではないのか」「なぜ自分は東大に入れるような頭脳を持ち合わせていないのか」「なぜ自分はお金持ちの家に生まれなかったのか」などと自らの運命を恨むことは誰にでも多かれ少なかれあるだろう。

自己愛が傷つけられると、それに対して損害賠償を求めたくなるのは、人間の性《さが》といっても過言ではない。とくに、遺伝的な要因と幼少期の家庭環境に関しては、自分ではどうにもできない分、どうしても自分の責任ではないという思いが強くなる。そのため、「不公正に不利益をこうむった」という被害者意識が芽生えやすい。

ただ、このような恨みや被害者意識が人一倍強いうえ、自分には例外的な特権が与えられてしかるべきで、普通の人には許されないようなことでも自分には許されるはずと思い込んでいるタイプが存在する。それが〈例外者〉だ。

たとえば、私の外来を受診した20代の男性Oさんは、以前通っていたクリニックで、主治医に対する不満から刃物を持ち出して脅したことがあるらしい。それ以降、そのクリニックでは受診のたびに持ち物検査をされるようになったそうだが、そのことに対する不満をOさんは私に延々と訴えた。

医師からすれば、診察室という密室で刃物を持ち出されて脅されたら、やはり怖い。だから、それ以降持ち物検査をしたのは当然だと思う。だが、Oさんは、刃物をクリニックに持ち込んだことを悪いとは思っていないように見えた。

母子家庭で育ったOさんは、母親のネグレクトのせいで食事も満足にできないような幼少期を送り、狭いアパートに独りぼっちで置き去りにされたこともあるらしい。そのため、児童養護施設から通学していた時期もあるそうで、同情すべき点はいくつもある。そういう過酷な幼少期を過ごしたのだから、自分の家庭環境を恨むのも無理からぬ話だとは思う。

しかし、だからといって主治医を刃物で脅していいというわけではないだろう。しかも、Oさんが以前通院していたクリニックからの紹介状によれば、主治医に不満を抱いた原因は、クリニックに頻回に電話をかけ、「今すぐ先生に話を聞いてもらいたい」と要求したが、受付で「先生は今診察中です」と断られ、自分の要求が受け入れられなかったことらしい。

診察中の医師は、たとえ患者さんから電話がかかってきても、よほどの緊急性がない限り、目の前の患者さんを優先するはずだ。だから、Oさんの要求に応えられなかったのは仕方がないと思う。

また、長時間の診察を要求し、他の患者さんよりも自分の診察時間がちょっとでも短いと感じると、診察室にいきなり入ってきて文句を言ったこともあるようだ。そういうことが積み重なり、前のクリニックでは対応しきれなくなったため、私が外来診察を担当しているクリニックに紹介したらしい。

Oさんの一連の言動から、自分だけに例外的な特権を認めてほしいという願望が人一倍強い印象を受ける。第2章で述べたように、この願望を正当化するための理由を〈例外者〉は自分が味わった体験や苦悩に求めることが多いが、Oさんも自らの家庭環境を「不公正」と感じ、それによって自身の願望を正当化したとしても不思議ではない。その結果、「自分には責任のないことでもう十分苦しんできたし、不自由な思いをしてきたのだから、自分には特権が与えられてしかるべき」と考えるようになった可能性もある。

問題は、同じような経験をしても、それほど「不公正」とは感じず、自らの運命を淡々と受け入れ、乗り越えていく人がいる一方、〈例外者〉は人一倍「不公正」と感じることだ。

このように「不公正」と感じる傾向は、自己愛に比例して強まる。自己愛は、誰よりも自分が尊重され、何よりも自分の権利が優先されることを常に求めるからだ。当然、そういう欲望が満たされない事態に直面すると、「不公正」と感じ、恨みや被害者意識が芽生える。

もちろん、〈例外者〉が〈例外者〉であることを要求する理由として挙げる体験や苦悩には、同情すべきものも少なくない。ただ、〈例外者〉は、「自分はこんなに不利益をこうむり、大変な目に遭ったのだから、あらゆる損害賠償を求める権利を持っている」と思い込みやすいように見える。だからこそ、Oさんのように「普通の人には許されないことでも、自分だけは許される」と考え、自分が例外的な特権を要求することを正当化しがちなのかもしれない。

ヒトラーも〈例外者〉

このように自分は「不公正」に不利益をこうむったのだから例外的な特権を要求しても許されるという認識を、私は「裏返しの特権意識」と呼んでいる。この「裏返しの特権意識」は、自分が大変な目に遭ったと思う時期に感じた恨みや鬱憤に比例して強くなる。こうしたネガティブな感情がとりわけ強く、典型的な〈例外者〉のように見えるのがアドルフ・ヒトラーである。

ヒトラーは実は、ある時期まではあまりパッとしなかった。並というよりもむしろ落ちこぼれに近かったので、この事実を受け入れられず、「不公正」と感じた可能性は十分考えられる。

どれほどヒトラーがパッとしなかったかというと、オーストリアの税関吏の息子として生まれた彼は、小学校でこそ全「優」だったが、その後進んだ実科学校では「明白な学業不振」に陥り、1年留年した後17歳のときに中退している（ハラルト・シュテファン『ヒトラーという男――史上最大のデマゴーグ』）。

これは、「生来の性格に起因する持続力の欠如、系統的な学習への嫌悪」によって興味のない科目を拒否したことによる。それでは、何に興味を抱いていたのか？　実科学校のクラスで「ずぬけて絵がうまい」という自信があったからか、偉大な芸術家になることを夢見ていた。だから、画家になるべく、ウィーン造形美術学校一般絵画科の入学試験に挑戦したのだが、不合格だった。翌年再受験するも、またもや失敗に終わっている（同書）。

打ちのめされたヒトラーは、その後遺産相続と孤児年金、そして自作の水彩画とスケッチの販売で食いつなぎ、定職には就かなかった。この時期のウィーンでの生活についてヒトラーは後年次のように述べている。

「この裕福な人々の住む都市の名声のなかで、私は五年間も貧困で悲惨な生活を送った。この五年間、はじめに私は臨時雇いの労働者として、次にはけちな画工としてパンを、それも毎日の空腹を満たすのに一度も十分であったことのないパンを稼がねばならなかった。当時の私にとって、空腹は忠実な友であり、片時も私から去ることのない、どんなことでも私と誠実に分かち合う唯一の友であった。私が本を買うたびに、空腹は関心をかきたてた。歌劇場に行けば、空腹が数日間も私につきまとった。毎日がこの非情な友との闘いであった」（アドルフ・ヒトラー『わが闘争』）

もっとも、実際にはヒトラーは怠《なま》け者ではあったが、経済状態は安定していたようだ。長年の研究によれば、「空腹は忠実な友」というヒトラーの貧困物語は、実は独力で窮状を打開した人物というイメージを大衆に植えつけるための宣伝手段だったことが明らかになっている。それでも、『わが闘争』の記述は、この時期の自分の経済状態をヒトラーが「不公正」と受け止めていたことを物語るものだろう。

ヒトラーを悩ませたのは経済状態だけではない。オーストリアで兵役から逃れようとしたので、「徴兵忌避者」として手配者リストに載せられたのだ。そのため、オーストリア警察から追跡され、居所を何度も変えており、一時は浮浪者収容所に入っていたことさえある（シュテファン『ヒトラーという男——史上最大のデマゴーグ』）。

危険を感じたヒトラーはウィーンから逃走してミュンヘンに移住した。しかし、それで逃げ切れたわけではない。ヒトラーは、ザルツブルクで徴兵検査を受けることになり、「身体ははなはだ虚弱、現役・予備役ともに不合格」と判定された。こうして、不安を取り除いてくれる「兵役不適格」の通知を手にしてミュンヘンに戻った（同書）。

ところが、その後、奇妙なことに、ヒトラーはオーストリア国民であったにもかかわらず、ドイツの軍隊への入隊を申し込んだ。そして、1914年11月に上等兵になり、第一次世界大戦に従軍したわけだが、大戦終結まで伝令兵のままだった。「戦友のなかで目立たず、人付き合いをしないで孤独に過ごすという彼らしいやり方で、まさに文字通りの一匹狼的な生活を送った」（同書）。

おまけに、大戦終結直前の1918年10月、毒ガス攻撃に遭って一時的に失明し、野戦病院に収容された。そこで〝ヒステリー症状を伴う精神病質者《サイコパス》〟と診断されたヒトラーは、28日間治療を受けた（ベルンハルト・ホルストマン『野戦病院でヒトラーに何があったのか――闇の二十八日間、催眠治療とその結果』）。

見逃せないのは、毒ガス弾を浴びたのは事実にせよ、ヒトラーの目の傷はそれほど深刻なものではなく、後遺症が残った形跡もまったくないことだ。当時、戦場で「心因性・ヒステリー性の失明」に陥ることは少なくなく、とくに第一次世界大戦末期には珍しくなかった。だから、〝ヒステリー症状を伴う精神病質者《サイコパス》〟という診断は妥当といえよう。

たとえ「心因性・ヒステリー性」にせよ、一時的に目が見えなくなったのだから、この経験をヒトラーが「不公正」と感じたとしても不思議ではない。それまでにも本人が「不公正」と受け止めたであろう経験はいくつもあった。美術学校受験に2度も失敗、少なくとも本人は「空腹は忠実な友」と感じたウィーンでの生活、「徴兵忌避者」としてオーストリア警察から追跡されていたため浮浪者収容所にまで入った経験……。

こうした一連の経験から、ヒトラーは「不公正に不利益をこうむったのだから、自分には特権が与えられてしかるべきだ」と思い込んだ可能性が高く、典型的な〈例外者〉と考えられる。

ヒトラーの極悪非道のふるまいは、ユダヤ人虐殺をはじめとして挙げればきりがない。いずれも、「普通の人には許されないことでも、自分には許される」という〈例外者〉特有の思考回路によって正当化されたのではないだろうか。

ヒトラーの強い自己愛

しかも、ヒトラーは極めて強い自己愛の持ち主である。一般にサイコパスは自己愛が強いのだが、ヒトラーはその典型のように見える。

こういうナルシシストが何よりも恐れるのは、自己愛が傷つけられ、うつ状態に陥ることだ。だから、そういう事態を何としても避けようとするのであり、先ほど取り上げた「無自覚型」は一種の防衛策ともいえる。〝受信器〟の感度を下げることによって、自分が失敗しても、他人から批判されても傷つかないようにするわけである。

もう一つの解決策として考えられるのが、本人の自己愛的イメージにある程度まで一致するよう現実を変形させることだ。そのうえ、他人の同意、できれば可能な限り多数の人々の同意、さらには喝采を得られれば理想的だ。

これに成功した有名な人物として先述のフロムはヒトラーを挙げている。フロムは「もし彼が何百万もの人々に、自らつくりあげた自己像や、〝第三帝国〟の世紀という妄想狂的な考えを信じ込ませることができず、さらに自分は絶対的に正しいと部下たちに思わせるように現実を変形できなかったら、彼は極端にナルシシスティックな人物として、精神障害と断定されていたかもしれない」（フロム『悪について』）と述べた。

さらに「彼が失脚したあと自殺しなければならなかったのは、彼がつくりあげたナルシシスティックな世界が崩壊することに耐えられなかったためである」（同書）と付け加えている。

先ほど述べたように、ヒトラーは野戦病院入院中に〝ヒステリー症状を伴う精神病質者〟と診断されており、「精神障害と断定」された過去がある。これはまだ無名の時期で、現実を変形させるだけの権力も影響力も持たず、満たされない自己愛を抱えて悶々としていたからかもしれない。

その後、第一次世界大戦後の混乱期に魔力的な演説とメディア操作によって大衆を扇動する〝デマゴーグ〟として脚光を浴びた彼は、何百万ものドイツ人のナルシシズムを刺激することに成功した。しかも、ある程度現実を変形させることもできたので、狂気の爆発を防ぐことができたともいえる。

もっとも、このナルシシストの指導者に現実を客観的に見る目はなかったようで、アメリカの強さを過小評価し、ロシアの冬の寒さを甘く見ていた。このように客観性と合理的判断が欠如しているのは、フロムによれば「悪性のナルシシズム」の特徴である。「悪性のナルシシズム」には、良性のものに見られる「補正要素」が欠けているので、どんどん現実から遊離していく（同書）。

だからこそ、ヒトラーは〝第三帝国〟の崩壊という事態に追い込まれた。これはナルシストにとっては耐えがたく、自殺するしかなかったのだろう。

プーチン氏はヒトラーと似ている

ヒトラーは必死になって信奉者を見つけ、自己愛的イメージに適合するよう現実を変形し、すべての批判者を破壊しようとした。同じような誇大妄想狂の指導者として、フロムは古代ローマの皇帝、カリギュラとネロ、そして第二次世界大戦中の独ソ戦でヒトラーと対峙《たいじ》した旧ソ連の独裁者、スターリンを挙げている。

このリストに私はプーチン氏を加えたい。プーチン氏はウクライナに侵攻した理由として、ウクライナ政府が「ネオナチ」だからであり、「ネオナチによる弾圧からロシア系住民を保護するため」と主張した。それだけナチスを敵視しているわけだが、プーチン氏のやっていることはヒトラーの手法とよく似ている。いや、そっくりといっても過言ではない。

その最たるものが「同胞を守るため」という口実だろう。プーチン氏は2022年2月24日、「ウクライナ東部のロシア系住民を守るため」という名目で「特別軍事作戦」を命じ、侵攻が開始された。その3日前の同年2月21日、ウクライナ東部で親ロシア派民兵が実質的に支配していた自称〝国家〟の独立をロシア政府が公式に承認している。この自称〝国家〟がロシアに軍事介入を要請したので、それに応える形で出兵したという体裁を整え、侵攻を正当化したのだ。

このように「同胞を守る」との口実で他国への侵略を正当化する手法は、2014年のクリミア併合でも用いられた。クリミア半島に住んでいるロシア語を話す住民たちが弾圧や迫害を受けているから助けるのだという理屈で軍事介入し、ほぼ抵抗なしで手に入れた。実際にはロシア語を話す住民たちが組織的に弾圧されたという事実はないようだが、プーチン氏としては自己正当化できれば、よかったのだろう。

同様の手法は、かつてヒトラーも用いた。1938年、当時のチェコスロバキアのズデーテン地方に住んでいたドイツ系住民の自治運動を扇動し、彼らを保護するという名目で同地域を併合したのである。

それ以外にも、ヒトラーとプーチン氏には共通点がある。たとえば、軍事ジャーナリストの黒井《くろい》文太郎《ぶんたろう》氏が挙げている「民族主義・愛国主義の扇動」と「メディア支配による国民洗脳」だ（黒井文太郎『プーチンの正体』）。

まず、ヒトラーもプーチン氏も、生活に困窮している国民に民族主義と愛国主義を扇動し、傷ついたナルシシズムを刺激した。

１９１８年に終結した第一次世界大戦の敗戦国だったドイツにおいて、莫大な賠償金支払いで生活に困窮していた国民の前に登場したのがヒトラーだった。一方、ソ連の崩壊によって国中が混乱し、無秩序になった社会で疲弊していたロシア人の前に登場したのがプーチン氏である。

ヒトラーは「ドイツ民族の復権」を、プーチン氏は「大国ロシアの復活」を主張した。2人ともナルシシストであることを考えれば、これは当然かもしれない。というのも、ナルシシストが何よりも恐れるのは、自己愛が傷つくことだからだ。ヒトラーにとっては、自らも従軍した第一次世界大戦におけるドイツの敗戦、プーチン氏にとっては、「20世紀最大の地政学的惨事」と評したソ連崩壊は、何よりも耐えがたかっただろう。だからこそ、その巻き返しを図り、自国をもう1度大国として復活させたいという願望が人一倍強かったと考えられる。

問題は、そのために、ヒトラーは「悪いのは外国だ」「悪いのはユダヤ人だ」という論理を、プーチン氏は「悪いのは西側（とくにアメリカ）だ」という論理を持ち出して人気政治家になったことだ。

2人とも、疲弊した国民に民族主義と愛国主義を扇動し、「悪いのは○○だ」と敵を作って攻撃することによって人気を集めた。このように悪いことは何でも他の誰かのせいにすれば、「自分は悪くない」「自国は悪くない」と正当化できる。こういう責任転嫁を恥ずかしげもなく平然とやってのけられるからこそ、集団ナルシシズムを刺激することに成功し、国民の共感を得られたという見方もできるかもしれない。

しかも、「メディア支配による国民洗脳」という点でも2人はそっくりだ。ヒトラーは、徹底したメディア統制を行ない、自身への崇拝を国民の隅々まで浸透させた。同様にプーチン氏もメディアを利用した宣伝を盛んに行なったが、ナチスを模倣したというより、むしろソ連で行なわれていたKGBの手法を復活させたというべきだろう。いずれにせよ、黒井氏が指摘しているように、結果的に「やったことはナチスと同じ」だった。

その過程で、すべての批判者を破壊しようとした点も似ている。ヒトラーが自分に批判的な人間や集団を徹底的に弾圧したことはよく知られているが、プーチン氏も批判的なジャーナリストを次々に暗殺してきたとの報道もある。

そのうえ、2022年7月、誤った情報を広めたとみなされるメディアに対して、検察当局が活動の停止や禁止を命じることができる改正法を成立させた。この改正法では、国内外のメディアが誤った情報やロシア軍の信用を損なう情報などを広めたとみなされた場合、検察当局は一定期間の活動停止を命じることができる。おまけに、違反が繰り返されれば、活動禁止を命じることも可能になった。

ロシアでは、すでに2022年3月、軍に関する虚偽の情報を広めた場合、最大で懲役15年を科す改正法も成立している。情報統制を強め、批判の声を封じ込めるためだろう。実際、ウクライナ侵攻の直後に、プーチン政権に批判的な放送を行なってきたラジオ局が

30年以上続いた放送を停止し、会社を解散する事態に追い込まれた。この時期には、軍事侵攻に抗議するため各地で行なわれていた市民のデモを厳しく取り締まっていたが、同時に批判的なメディアに対しても神経をとがらせ、言論統制を強めたわけである。

ヒトラーもプーチン氏も「ゲミュートローゼ（Gemütlose）」

先ほど、ヒトラーもプーチン氏も悪いことは何でも他の誰かのせいにする責任転嫁を恥ずかしげもなく平然とやってのけられると述べたが、これは罪悪感や羞恥心《しゅうちしん》が欠如しているからかもしれない。

このような感情が欠如している人間を、ドイツの精神科医、クルト・シュナイダーは「ゲミュートローゼ（Gemütlose）」と名づけた。「ゲミュート（Gemüt）」とは、思いやりや同情心、羞恥心や良心を意味するドイツ語であり、そういう高等感情が欠如している人が「ゲミュートローゼ」である。シュナイダーは「ゲミュートローゼ」を「精神病質人格」の一種とみなしている（クルト・シュナイデル『精神病質人格』）。

「ゲミュートローゼ」は、日本語では「情性欠如者」と訳される。「ゲミュートローゼ」

は罪悪感を覚えることを徹底的に拒否し、反省も後悔もしない。もちろん、良心がとがめることも一切ない。

ヒトラーもプーチン氏も典型的な「ゲミュートローゼ」のように見える。ヒトラーがヨーロッパの周囲の国々への侵攻やユダヤ人虐殺を、プーチン氏がチェチェンやウクライナへの侵攻、シリア空爆、クリミア併合を冷酷にやってのけたのは、「ゲミュートローゼ」だからだろう。

しかも、2人とも批判者を徹底的に弾圧し、ときには殺害することもあったが、後ろめたさも悪びれた様子も一切示さなかった。おまけに、他国への侵攻にせよ、批判者への弾圧にせよ、何度も繰り返したのは、反省も後悔もしないからで、いかにも「ゲミュートローゼ」らしい。

「ゲミュートローゼ」が罪悪感を覚えないのは、異常に意志が強いからだ。シュナイダーは「鋼鉄のごとく硬い性質の人間で、目的を貫徹するためには（目的は自我的のものと限らず、純粋の理想のこともある）、他人がどう思おうと、どうなろうと、意に介しない」（クルト・シュナイダー『臨床精神病理学序説』）と述べている。鋼鉄のごとき意志の持ち主だからこそ、屍《しかばね》を越えて進むこともいとわない。だから、たとえ意志と罪悪感が衝突することがあっても、必ず意志のほうが勝つ。当然、他人の言葉に一切耳を傾けない。

それが端的に表れたのが、プーチン氏のウクライナ侵攻の決断である。侵攻開始の約１カ月前、退役将校で作る「全ロシア将校の会」がプーチン氏に戦争をやめるよう直訴する声明文を発表した。

この声明文には、

「対ウクライナ戦争が起きれば、

⑴ロシアの国家的存立に疑問符がつく

⑵ロシアとウクライナは永遠に絶対的な敵となってしまう

⑶両国で、千人単位（万単位）の若者が死ぬ」

と記載されていた。「さらに、ロシアは世界の平和を脅《おびや》かす国とされ、極めて深刻な経済制裁を科され、国際社会の除け者となろう」とも警告していた。

にもかかわらず、プーチン氏は聞く耳を持たず、自らの意志を貫いて侵攻に踏み切ったように見える。その後の経過を振り返ると、この声明文の予測はほぼ当たっているといえよう。

ロシア軍は短期間での制圧をもくろみ、ウクライナ東部と南部、さらには首都のキーウ（キエフ）に侵攻したのかもしれないが、ウクライナ軍の激しい抵抗に遭い、戦況は泥沼化している（2022年12月時点）。当然、従軍していた多くの若者が命を落とした。それだけではない。ロシア軍は一般市民も容赦なく殺害したので、家族や仲間を失ったウクライナ人のロシアに対する敵意と憎しみが強まり、「絶対的な敵」になったといっても過言ではない。

しかも、ロシアへの経済制裁によって国民が困窮し、国際的に孤立する事態になった。プーチン氏は、NATOの東方拡大を非難し、「悪いのはどんどん拡大したNATOであり、そのせいでロシアは安全保障を脅かされた」という理屈でウクライナ侵攻を正当化しようとしたが、ロシアの脅威に恐れをなしたのか、新たにスウェーデンとフィンランドがNATOに加盟した。結果的にウクライナ侵攻はむしろNATO参加国が増える事態を招いたわけで、今やロシアは「国際社会の除け者」になったといえるのではないか。

それでも、プーチン氏は自己正当化を続けており、ウクライナ侵攻をやめる気配はない。ウクライナ人が何人死のうが、ロシア人がどれだけ困窮しようが、自らの意志を貫くためならお構いなしのように見える。これはヒトラーも同様であり、〝狂気〟とも呼べるほど確信を持ち、疑念から解放されている姿は強烈な印象を与える。

皮肉なことに、こういう側面があるからこそ2人ともある時期までは成功し、大国のトップにのし上がったともいえる。実は政治家や実業家などの社会的成功者には「ゲミュートローゼ」が少なくない。そのためか、「嫌な奴ほど成功する」ような印象を受けることさえある。

その理由として、意志が非常に強く、他人の屍を越えてすら己の信じる道をひたすら突き進む姿が人々を魅了し、一部の熱狂的な信奉者を生み出すことがあるのではないだろうか。

天才的な芸術家にもいる「ゲミュートローゼ」

このように意志が強い一因に、強い自己愛が挙げられる。ナルシシストだからこそ、自分が絶対正しいと信じ、自分自身の意志をあくまでも押し通そうとするわけだが、こうした傾向が顕著に認められるのが芸術家である。

実際、天才的な芸術家のなかにも「ゲミュートローゼ」は存在する。その代表例が、20世紀最大の画家と呼ばれるパブロ・ピカソだろう。天才画家、ピカソの40歳年下の愛人に対する仕打ちは、罪悪感も羞恥心も、思いやりも同情心もないからこそできたとしか思えない。

最初の妻と別居中だったピカソは62歳のとき、22歳の画学生フランソワーズ・ジローと同棲を始め、息子と娘を産ませるが、ピカソはなかなか離婚せず、フランソワーズは子ども2人を連れて家を出ていき、別の男性と結婚する。

ピカソが最初の妻とは長年別居していたのに、結局離婚しなかったのは、財産分与を嫌って彼のほうが離婚に応じなかったためらしい。最初の妻の死後、ピカソはフランソワーズに結婚を申し込み、フランソワーズは離婚。だが、これはピカソの策略だった。ピカソは、彼女とは結婚せず、79歳で45歳も年下のジャクリーヌ・ロックと再婚し、91歳で大往生するまで添い遂げる。フランソワーズに対する仕打ちは、彼女がピカソを捨てた唯一の女性なので、それに対する復讐だったのではないかといわれている。

ちなみに、この2番目の妻、ジャクリーヌは、ピカソの死後自殺した。ピカソと関わった女性のなかには、もう1人自殺した愛人がいる。ピカソが45歳のとき、街で見かけて「肖像画を描かせてください」と声をかけた当時17歳のマリー・テレーズである。彼女はモデルになり、愛人になり、「妻とは離婚する」との約束も信じて娘を1人産むが、10年近くも日陰の身に甘んじ、別の愛人のもとへ去ったピカソに捨てられたのだ。

彼が女性たちに対してやってきたことを振り返れば、アートディレクターの結城昌子《ゆうきまさこ》氏の「ピカソは女性たちを生け贄《いにえ》にして20世紀の先頭を走りつづけたのではないかとさえ思うようになった」（結城昌子『ピカソ 描かれた恋――8つの恋心で読み解くピカソの魅力』）という言葉も、決して誇張ではないといえる。

ピカソと比べると、最近しばしば報じられる芸能人やスポーツ選手などの不倫なんかまだかわいいものだと思う。彼のような素晴らしい作品を生み出す芸術家が女性にひどい仕打ちをした話は枚挙《まいきよ》にいとまがない。作曲家の三枝成彰《さえぐさしげあき》氏は「偉大なアーティストになるには大悪人でなければならない」（三枝成彰『大作曲家たちの履歴書（下）』）と述べているほどだ。

この言葉は核心をついていると私は常々思っている。その理由として、偉大なアーティストになるほどの人は並外れた才能に恵まれているので、その才能に惚れ込む女性がいくらでもいることが大きいだろう。そういう女性は相手の才能にひれ伏す。

また、アーティストのほうも、創作のインスピレーションを与えてくれるミューズを常に求めずにはいられない。そして、相手の女性がインスピレーションを与えてくれなくなれば、ボロ雑巾のように捨てる。そういうことをためらったり、罪悪感を抱いたりするようでは、偉大なアーティストにはなれないのだ。

三枝成彰氏は、大悪人だった偉大なアーティストの例としてフランスの作曲家、ドビュッシーを挙げている。ドビュッシーは愛した女性を2人もピストル自殺未遂に追い込んだからで、三枝氏によれば「とんでもないヤツ」ということになる。もっとも、ドビュッシーの作品はどれも非常に美しく、私は個人的にはピアノ曲が大好きである。

さらに、「逆もまた真なり」という言葉通り、「偉大なアーティストだからこそ大悪人になれる」という側面もあるだろう。アーティストとして成功し、富と名声を得れば，それが目当ての女性もたくさん寄ってくるはずだ。また、「自分は特別な人間だから，普通の人には許されないことでも自分には許される」という特権意識も強くなるかもしれない。

しかも、たとえスキャンダルを起こしても、作品さえ素晴らしければ評価され、タレントや俳優のように干《ほ》されることはない。世間も「あの人は天才だから……」と許すようなところがある。

以上の理由により、偉大なアーティストが大悪人であることは少なくない。この手の天才肌の人物にしばしば認められる冷酷さや罪悪感の欠如こそ「ゲミュートローゼ」の本質的特徴ともいえる。

根底に潜む「悪性のナルシシズム」

異常に意志が強いうえ、罪悪感や自責の念に耐えることを徹底的に拒否するのが「ゲミュートローゼ」の真骨頂である。当然、アメリカの精神科医、M・スコット・ペックが指摘しているように、「自分の罪悪感と自分の意志とが衝突したときには、敗退するのは罪悪感であり、勝ちを占めるのが自分の意志である」という状態になりやすい（M・スコット・ペック『平気でうそをつく人たち――虚偽と邪悪の心理学』）。

さらに、ペックは「自分自身の罪深さに目を向けることのできない、あるいは目を向けようとしない」人々の特徴として、「他人の欠点を責めることによってその言い逃れをしようとする」点を挙げている。これは、「ゲミュートローゼ」に必ずといっていいほど認められる責任転嫁にほかならない。

こうした特徴は、ペックによれば、先ほど取り上げた「悪性のナルシシズム」に由来するという。「悪性のナルシシズム」の最大の特徴は、「補正要素」が欠けていることなので、どんどん現実から遊離していき、それが甘い状況認識、さらには現実否認につながりやすい。結果的に合理的判断がゆがめられることも少なくない。

このように現実離れが起きやすい最大の原因は、「悪性のナルシシズム」の持ち主がナルシシズムの傷つきによって生じるうつ状態を恐れ、こうした傷を何としても避けようとするからだろう。

だからこそ、少しでも自分の非をとがめられたり、批判されたりしそうな状況になると、「やられる前に先制攻撃をかけなければ」と考え、「攻撃は最大の防御」という言葉通りに行動する。それが最も極端な形で表面化したのがヒトラーとプーチン氏による批判者の徹底的弾圧ではないだろうか。

凶悪犯に多い「ゲミュートローゼ」

「ゲミュートローゼ」の本質的特徴としてシュナイダーは「改善の不能性」（シュナイデル『精神病質人格』）を挙げており、「かかる人間は教化矯正し難い」（シュナイダー『臨床精神病理学序説』）と述べている。「ゲミュートローゼ」を教育や治療によって改善するのは難しいので、法的に許される範囲で隔離するしかないという悲観的な見方をシュナイダーはしていたようだ。

当然、「ゲミュートローゼ」は犯罪者、とくに凶悪犯に多い。良心の呵責《かしやく》も罪悪感もなく、被害者への同情心も憐憫《れんびん》の情もないので、殺人、放火、強盗、強制性交などの凶悪な犯罪を平気で犯す。しかも、反省も後悔もしないため、犯行を平気で繰り返す累犯者になりやすい。

その典型ともいえるのが、2001年6月8日、大阪教育大附属池田小事件を起こした宅間《たくま》守《まもる》元死刑囚（2004年死刑執行）だろう。この事件で宅間元死刑囚は刃物を振り回し、児童8人を殺害したが、それまでも暴行、傷害、強制性交などの事件を何度も起こしており、服役していたことも措置入院していたこともあった。事件当日は、前年に起こしたベルボーイ暴行事件で大阪地検に午後2時に出頭するように要請されていた。その日の午前中に小学校に侵入し、凶行に及んだのだ（片田珠美『無差別殺人の精神分析』）。

こうした経緯も踏まえたのか、精神鑑定で「犯行に踏み切らせた決定的なものは、人格障害による情性欠如で、いちじるしい自己中心性、攻撃性、衝動性である」と診断されている（同書）。極めて妥当な鑑定結果だと思う。

宅間元死刑囚と同様に無差別大量殺人を起こし、死刑を言い渡された植松聖《うえまつさとし》死刑囚も「ゲミュートローゼ」のように見える。

植松死刑囚は、2016年7月26日、自身が以前勤務していた相模原《さがみはら》市の知的障害者施設「津久井やまゆり園」に侵入し、入所者19人を殺害した。逮捕直後から「障害者は不幸しか作らない」「意思疎通のできない障害者は生きている意味がない」などと独善的な主張を繰り返し、被害者や遺族らへの謝罪の言葉は一言もなかった。それどころか、「自分はいいことをした」「一番世の中の役に立つ仕事をしたと思っています」と自己正当化し続けた。こうした言動を見ると、罪悪感を一切覚えず、自分が殺害した障害者に対する同情心も憐憫の情も一切ない「ゲミュートローゼ」である可能性を疑わずにはいられない。

自己愛が強いほど自己正当化する

彼の独善的な主張と自己正当化を理解するうえで鍵になるのは、事件後の精神鑑定で「自己愛性パーソナリティー障害」と診断されたほど自己愛が強いことだと思う。彼の自己愛の強さは、さまざまな言動に表れている。その一つが、事件の5カ月前にレポート用紙3枚分の手紙を衆議院議長に渡そうとしたことだろう。

「障害者を大量に殺害する」計画を総理大臣に伝えてほしいという内容だったらしいが、これは「自分は特別な人間だから、自分の思想や行動は特別な偉い人にしか理解されない」と思い込んでいたからではないか。何の根拠もないのに、そう思い込んでいたからこそ、「特別な偉い人」である衆議院議長にわざわざ手紙を渡しに行ったと考えられる。

強い自己愛の持ち主は、自分自身を過大評価しがちで、「本当の自分はもっとスゴイはず」と思い込みやすい。植松死刑囚も、拘置所に接見に来た記者に「成功者になりたかかった」と話している。

だが、実際には成功者にはなれなかった。それどころか、幼少の頃から父親と同じ小学校の教師を目指していたにもかかわらず、教員採用試験に合格できなかった。そのせいで一時的に引きこもりに近い状態になったようだ。また、大学卒業後さまざまな職に就くが、いずれも長続きせず、そのことで両親と言い争いになることも頻繁にあったという。「津久井やまゆり園」では、2012年12月から非常勤職員として働き始め、翌13年4月に常勤職員として採用されたものの、次第に勤務態度が悪くなった。入所者の手の甲に黒いペンでいたずら書きをしたり、同僚に「障害者は死んだほうがいい」と口走ったりするようになったのだ。

園側との緊急面談の際にも、「障害者は周りの人を不幸にする。いないほうがいい」と主張した。「それはナチスの考え方と同じだよ」と諭《さと》されても、「考えは間違っていない」と言い張り、結局辞表を提出した。

こうした経緯を振り返ると、植松死刑囚は自身の勤務態度や言動のせいで退職に追い込まれたように見える。だが、逮捕直後に「辞めさせられて恨みがあった」と供述したということは、自分が悪いとはみじんも思わず、むしろ悪いのは園側の対応だと受け止めた可能性が高い。

植松死刑囚の犯行までの人生を振り返ると、自分の人生がうまくいかないことに対する恨みが相当強かったと推察される。だが、それを認めたくなかったのだろう。自分の人生がうまくいかず、そのせいで恨みを抱いていると認めることは、自分の負けを認めることに等しい。そんなことは彼の強い自己愛が許さなかったはずだ。

自分の人生がうまくいかなかったことも、それが恨みの大きな原因になったことも認めたくなかった植松死刑囚には、何らかの正義が必要だった。だからこそ、「意思疎通の図れない人は死ぬべきだ」という独りよがりの正義を振りかざしたのだ。

フランス語で恨みを意味する「ルサンチマン（ressentiment）」という言葉を用いて、「正義の起源がルサンチマンにある」（フリードリヒ・ニーチェ『道徳の系譜学』）ことを見抜いたドイツの哲学者、フリードリヒ・ニーチェはさすがの炯眼だと思う。

ニーチェが指摘したように、植松死刑囚は「復讐を正義という美名で聖なるものにしようとしている」（同著）にすぎない。それでも自分が悪いとは決して思わず、それこそ鋼鉄のごとき意志で凶行に及んだ。

その点では、ユダヤ人だけでなく障害者もガス室送りにして、大量殺戮《さつりく》を決行したヒトラーと同類ともいえる。2人ともナルシシストであると同時に「ゲミュートローゼ」なのである。

第4章

安倍晋三元首相銃撃事件

2022年7月8日、安倍晋三元首相が奈良市で街頭演説中に銃撃され、死亡した事件は日本中を震撼《しんかん》させた。現行犯逮捕された当時41歳で無職の山上徹也《やまがみてつや》容疑者は逮捕後の取り調べに対し、安倍氏を殺害したことへの謝罪や反省を1度も口にしなかったという。とすれば、山上容疑者は自らの犯行を正当化しており、自分が悪いとは思っていない可能性が高い。

なぜ自らの犯行を正当化するのか

このように正当化する理由として、何よりも山上容疑者の恨みがそれだけ強いことが考えられる。山上容疑者は「とにかく殺そうと思って、遊説《ゆうぜい》先をつけ回していた」と供述しており、安倍氏の複数の演説会場を訪れ、殺害の機会をうかがっていたようだ。実際、犯行前日にも、手製の銃を持参し、岡山市で開かれた自民党候補の個人演説会の会場を訪れている。

こうした経緯から、激しい殺意を抱いていたことがうかがえるが、そもそもの恨みの対象は安倍氏ではなかった。このことは、山上容疑者の「(安倍氏の)政治信条に対する恨みではない」という供述からも、犯行前日に岡山市で安倍氏を襲撃しようとする直前に投函した手紙の「(安倍氏は）本来の敵ではないのです」という記述からもわかる。

それでは、何に対する恨みかというと、母親が入信し多額の献金をした旧統一教会（2015年、世界平和統一家庭連合に名称変更）への恨みである。山上容疑者は「母親が入信し、家庭生活がむちゃくちゃになった」と強い恨みを口にしている。

もともとは旧統一教会のトップを狙っていたようで、実際2019年にトップが韓国から来日した際、愛知県で開かれた集会で、火炎瓶を使って襲撃しようとしたという。しかし、会場に入ることができず断念。その後も襲撃の機会をうかがっていたが、新型コロナウイルスの感染拡大の影響で海外渡航が途絶え、トップとの接触が難しくなったため、矛《ほこ》先《さき》を方向転換して安倍氏に向けたらしい。

このように、もともと怒りや恨みを抱いていた対象への接近や攻撃が難しい場合、その矛先を方向転換して別の対象に向けることを精神分析では「置き換え」と呼ぶ。山上容疑者が安倍氏を狙ったのは、この「置き換え」が起きたせいだろう。

なぜ矛先の向きを変え、安倍氏を銃撃したのか。2021年9月、旧統一教会の関連団体「天宙平和連合（UPF）」が韓国で開いた集会に、安倍氏が寄せた約5分間のビデオメッセージを見たことが大きいようだ。山上容疑者は「動画を見て（安倍氏は旧統一教会と）つながりがあると思った。絶対に殺さなければいけないと確信した」と供述している。

それだけ旧統一教会に対する恨みと復讐願望が強く、もともとの恨みの対象ではなくても、何らかのつながりがあるように見える相手に向けて噴出させないと、精神のバランスを保てなくなっていたのではないだろうか。

過酷な家庭環境と壮絶な生い立ち

山上容疑者の生い立ちを振り返ると、これだけの恨みを抱いても不思議ではないと思えるほど過酷な家庭環境だったことがわかる。

山上容疑者が4歳の頃に父親が自殺。その後、母親と兄、妹とともに奈良市の母親の実家に移り住み、母方の祖父と一緒に生活するようになった。しかし、山上容疑者が小学生の頃に母親が旧統一教会に入信し、熱心に活動するあまり家庭を顧みず、ネグレクトに近いこともあったようだ。

母親が入信した背景には、夫の自殺だけでなく、長男（山上容疑者の1歳上の兄）が小児がんを患い、抗がん剤の副作用で右目を失明し、脳にも転移したことがあるという。それ以外にも、母親（山上容疑者の祖母）が夫の自殺の2年前に亡くなったこと、さらにさかのぼれば弟（山上容疑者の叔父）が小学5年生のときに交通事故死したこともあるようだ。

そういう家庭環境でも山上容疑者は頑張っていたようで、中学・高校時代は同級生から「勉強ができる優等生」「努力家」と見られていた。だが、内心では葛藤を抱えていたのか、中学時代には無気力になり、高校時代にも一時期引きこもるようになったため、高校3年生のときに精神科を受診している。

山上容疑者が高校3年生だった1998年秋には、別の不幸にも見舞われた。祖父が突然亡くなったのだ。すると、母親は相続した自宅や会社の土地などを翌1999年に売却し、旧統一教会に献金。母親が2002年に破産宣告を受けるまでの献金総額は1億円に上るようで、これには父親の生命保険金も含まれるという。

1999年に山上容疑者は県内トップクラスの県立高校を卒業したが、経済的事情から大学進学を断念。その後、専門学校に進むも中退。2002年8月に任期制自衛官として海上自衛隊に入隊したものの2005年2月に自殺未遂騒動を起こす。そのときの調査で山上容疑者は「特殊な家庭環境に置かれる中で小学生時代から漠然とした自殺念慮があった」と答えている。

この自殺念慮が心の奥底にずっと潜んでいて、ふとしたきっかけで頭をもたげてきたこともあったのではないか。2015年11月、幼い頃から慕っていた兄が自ら命を絶ったことも山上容疑者の精神状態に暗い影を落としたかもしれない。

自衛隊を退職後、山上容疑者は職を転々としながらも勉強を重ねていたようで、宅地建物取引士やファイナンシャルプランナーなど複数の資格を取得。しかし、安定した職には結びつかず、海上自衛隊を辞めてから事件を起こすまでの約17年間にアルバイトや派遣社員として10回以上も転職を繰り返している。しかも、その間に少なくとも通算約7年に及ぶ無職期間がある。

退職理由の多くは人間関係で、職場では孤立していた。人間関係で嫌気がさすと、次の仕事が決まっていなくても辞めることを繰り返していたらしい。もちろん、収入面での不満もあったはずだ。

一番長く勤務したのが、２０２０年10月から派遣社員として働いていた京都府内の工場で、フォークリフトの操作を担当。２０２２年５月中旬まで１年７カ月勤務しており、山上容疑者の職歴の中では最長となる。

もっとも、当初は真面目な働きぶりだったが、採用の半年後くらいから仕事の手順を守らないことが目立つようになり、積み荷の扱いをめぐってトラック運転手と口論になったこともあるという。２０２２年３月頃から無断欠勤が目立ち始め、５月15日付で退職。

その後、派遣先の大阪府内の会社で商品の配送業務に携わっていたが、事件の１カ月前の６月上旬に自己都合退職。それ以降は無職の状態で、犯行当時は消費者金融からの借入金など少なくとも数十万円の負債を抱えていた。山上容疑者は「仕事を辞めて、所持金が尽きた。死ぬ前にやろうと決心した」という趣旨の供述をしており、経済的困窮も犯行を後押しした可能性が高い。

強い恨みによって復讐願望を正当化

犯行に至るまでの経緯を振り返ると、どう見ても山上容疑者の人生はうまくいっていなかった。人生がうまくいかないと、誰でも「どうしてうまくいかないのだろう」と考える。つらくて苦しいほど原因探しをせずにはいられない。

その原因を自分自身に求め、自分に能力がないとか努力が足りないとか考える人はむしろ少数派のような印象を、私は精神科医としての長年の臨床経験から抱いている。多くの場合、自分以外の誰か、あるいは環境のせいにしたがる。

つまり、外部に原因を探し求め、自分のせいではないと思いたがるのが人間という動物で、これは自己愛のなせる業《わざ》である。17世紀のフランスの名門貴族、ラ・ロシュフコーが見抜いたように「自己愛は、この世で最もずるい奴より、もっとずるい」し、誰の心の奥底にも多かれ少なかれ自己愛は潜んでいるので、ある意味では仕方がないともいえる。

山上容疑者も同様に原因を外部に探し求めた可能性が高い。もっとも、その壮絶な生い立ちを振り返ると、自分の人生がうまくいかない原因を過酷な家庭環境に求めたとしても責められないと思う。

とくに、高校卒業前に祖父が亡くなり、相続した自宅や会社の土地などを母親が売却して旧統一教会に献金したせいで、大学進学を断念しなければならなかったことは怒りと恨みの大きな原因になったのではないか。

しかも、山上家は高学歴の家庭であり、父親は京都大学工学部、母親は大阪市立大学生活科学部の出身だ。おまけに、父親の兄は弁護士で、母親の妹は医師という家庭環境だった。

この父親の兄は「テツ（徹也）は父親の頭の良さを一番継いどる。だけど、お金がなくて大学には進めなかった」と話している（「文藝春秋」２０２２年９月号）。県内トップクラスの県立高校で「勉強ができる優等生」だった山上容疑者は、同級生の大半が有名大学に進学していくのを眺めながら、悔しくてたまらなかったはずだ。

社会に出てからも、人間関係がうまくいかず、職を転々とする中で、「もし、あのとき母親が献金していなかったら、大学に進学することができ、安定した職にも就けたのではないか」と思ったとしても不思議ではない。

そのうえ、複数の資格を取得するために努力を重ねていたにもかかわらず、それが安定した職に結びつかなかったことも失望と幻滅に拍車をかけたに違いない。山上容疑者は「頑張っても報われない」と無力感を覚えたかもしれない。

問題は、このように恨みが強いと、復讐願望を抱きやすく、しかもそれを正当化しがちなことだ。山上容疑者が「旧統一教会のせいで家庭が崩壊し、その結果自分は不利益をこうむり、大変な目に遭ったのだから、恨みを晴らすために復讐しても許されるはず」と正当化した可能性は十分考えられる。

というのも、ある時期から強い復讐願望に駆り立てられ、それを満たすことが生きる目的になったような印象さえ受けるからだ。山上容疑者が犯行前日に岡山市で手紙を投函したことは先ほど触れたが、その送り先は島根県松江《まつえ》市在住のフリージャーナリストの男性だった。この男性の旧統一教会を批判するブログに、山上容疑者は次のようなコメントを残している。

「我、一命を賭して全ての統一教会に関わる者の解放者とならん」（２０２０年12月12日）

「復讐は己でやってこそ意味がある。不思議な事に私も喉から手が出るほど銃が欲しいのだ。何故だろうな？」（２０２０年12月16日）

銃が喉から手が出るほど欲しかったのは、復讐願望を満たすためだろう。銃規制が厳しい日本では、アメリカのように簡単に手に入るわけではないので、山上容疑者は２０２１

年春頃から銃の製造に取りかかった。

しかも、同年３月から９月にかけて、火薬を乾かすために、自宅とは別に奈良県内のアパートの一室を月２万円台で賃貸契約していた。その後、２０２１年11月〜２０２２年２月には月額約１万５０００円でシャッター付きのガレージを借りていた。アパートからガレージに場所を変えた理由について山上容疑者は「賃料などが高かったため」と説明しているという。

当時、派遣社員として働いていた山上容疑者にとって、月額約１万５０００円の賃料でも、自宅の家賃に加えて支払うのは、決して軽くはない負担だったはずだ。それを支払ってまで火薬を乾燥させるための場所を確保しようとしたところに、何としても銃を完成させて復讐を果たしたいという執念のようなものを感じる。

しかも、山上容疑者は「銃が完成するたびに何度も試射していた」と供述しており、奈良市南部の山中で試し撃ちを繰り返していたようだ。こうして殺傷力や精度を確認することによって、ターゲットを確実に仕留めようとしたのだろう。

ここまで計画的かつ周到に準備を進めたのは、もちろん復讐を成し遂げるために違いない。銃による復讐が殺人につながることは、ちょっと考えればわかりそうなものだが、それに対するためらいが感じられない。

それだけ恨みと憎しみが強かったことは、「統一教会は全世界の敵であり、当然日本の不倶戴天《ふぐたいてん》の敵でもある。オレが憎むのは統一教会だけだ」（2019年10月14日）という山上容疑者のツイートからもわかる。恨み骨髄《こつずい》という感じさえする。

だからこそ、それを晴らすことしか眼中になく、「残念な事に、この世にはどう考えても殺した方がよかった人間がいるものだ」（2019年11月23日のツイート）という心境になり、復讐願望、さらにはそれを満たすための殺人が正当化されたのではないだろうか。

〈例外者〉特有の心理

このように復讐願望が正当化された一因に、第2章で取り上げた〈例外者〉特有の心理もあるように見受けられる。

〈例外者〉は、第2章で述べたように、自分には「例外」を要求する権利があるという思いが確信にまで強まっている（フロイト「精神分析の作業で確認された二、三の性格類型」）。

だから、法律あるいは世間一般の常識では許されないようなことでも自分だけは許されると思い込みやすい。

もちろん、通常そんな「例外」を認めてもらえるわけがない。そこで、自分だけが「例外」を要求することを正当化する理由が必要になる。それを何に求めるかというと、ほとんどの場合自分が味わった体験や苦悩である。

このような体験や苦悩の責任は自分にはないと〈例外者〉は考える。必然的に、自分には責任のないことで「もう十分に苦しんできたし、不自由な思いをしてきた」のだから、「不公正に不利益をこうむった」分、「特権が与えられてしかるべきだ」との認識を持ちやすい。

何を「不公正」と感じるかは人それぞれだが、山上容疑者の場合はやはり過酷な家庭環境と壮絶な生い立ちだろう。

山上容疑者は、犯行前日に岡山市で投函した手紙に次のように綴《つづ》っている。

「私と統一教会の因縁は約30年前に遡ります。母の入信から億を超える金銭の浪費、家庭崩壊、破産…この経過と共に私の10代は過ぎ去りました。その間の経験は私の一生を歪ませ続けたと言って過言ではありません」

10代の頃の体験と苦悩はツイートでも吐露されている。

「オレが14歳の時、家族は破綻を迎えた。統一教会の本分は、家族に家族から窃盗・横領・特殊詐欺で巻き上げさせたアガリを全て上納させることだ。70を超えてバブル崩壊に苦しむ祖父は母に怒り狂った、いや絶望したと言う方が正しい」（2020年1月26日）

14歳で遭遇した家族の破綻とは、祖父が包丁を持ち出して母親を殺そうとしたことらしく、山上容疑者は「祖父が母を殺そうとするのを目の当たりにして壊れても誰がオレを責められるのか」（2019年12月7日）とツイートしている。

こうした体験や苦悩の吐露から伝わってくるのは、母親が入信した旧統一教会のせいで自分がいかに不公正に不利益をこうむったか、そしてそれによってどれほどの絶望感を味わったかということである。

山上容疑者の過酷な家庭環境を考えると、母親の入信と多額の献金によって自分が不公正に不利益をこうむったと感じるのは、ある意味では仕方がない。また、「自分には責任がないはずなのに……」と運命を恨む権利があると考えたとしても、それを責めることは誰にもできないだろう。

ただ、山上容疑者が味わった体験と苦悩がすさまじく、十分苦しんだと感じるのは痛いほどわかるにせよ、逆にそれゆえにこそ〈例外者〉特有の心理に陥りやすいことは否定しがたい。

たとえば、2020年10月から働いていた京都府内の工場で、採用から半年ほど過ぎた頃から、仕事の手順を守らないことが目立つようになったというエピソードである。この工場の男性責任者は「自己中心的でわがままな性格が出てきた」と話しているが、実際2022年3月には同僚から手順違反を指摘されて激しい口論になり、山上容疑者は「そしたらお前がやれや！」と叫んだという。

このエピソードから見て取れるのは、本来守るべき仕事の手順であっても、自分だけはやらなくても許されるという思い込みだ。自分には「例外」を要求する権利があることを山上容疑者は正当化しているように見え、〈例外者〉という印象を受ける。

こうした正当化は、普通の人なら許されないことでも、自分だけは許されるという思い込みにつながりやすい。この思い込みが強くなり、暴走した末に元首相を銃撃する凶行に及んだのではないか。

山上容疑者には同情すべき点がいくつもあり、一概には責められない。〈例外者〉特有の心理が働いたのも、「もう十分に苦しんできたし、不自由な思いをしてきた」という気持ちが強かったからだろう。

だが、それが強くなりすぎて自らの復讐願望を正当化したところがあるように私の目には映る。その点を見逃して、かわいそうという同情論だけで語ると、事件の本質が見えにくくなる。

旧統一教会に謝罪した母親

山上容疑者は、「自分の人生がこうなったのは母親のせいだ。母親が憎い」という趣旨の供述をしたという。一方、母親は奈良地検の聞き取りに対して「事件で旧統一教会が批判され迷惑をかけ申し訳ない」と話したようだ。

母親の「申し訳ない」という言葉が旧統一教会に向けて発せられたことに驚きを禁じ得ない。先述の父親の兄、つまり伯父は「彼女の『申し訳ない』は事件、世間に対しての申し訳ないではない」と話しているが、実際にそうだとすれば謝罪すべき相手がずれているように私は感じる。

第一、息子である山上容疑者への謝罪はないのかと疑問に思うが、伯父によれば「息子のことなんて何も考えていない」という。息子のほうは「母親が入信し、家庭生活がむちゃくちゃになった」と強い恨みを口にしているのに、それに対して母親からの謝罪がなかったのは一体なぜなのか。

やはり信仰心が強いせいなのだろうが、その理由として次の三つが考えられる。

(1)ほれこみ
(2)旧統一教会が「疑似家族」化
(3)不安と恐怖

まず、山上容疑者の母親は事件後も「目が覚めていない」「洗脳が解けていない」状態のように見えるが、これはフロイトが「ほれこみ」と呼んだ状態に近い。

「ほれこみ」とは、フロイトによれば、相手の過大評価と理想化、無批判と隷属が認められる状態である。つまり、相手を実際以上に高く評価して理想的な人物だと勘違いし、批判力を失って「あばたもえくぼ」の状態に陥り、言いなりになるのが「ほれこみ」だ。このような特徴が認められるという点で「ほれこみ」と催眠は共通しており、「ほれこみ」では恋愛対象を、催眠では催眠術師を理想化するとフロイトは述べている（フロイト「集団心理学と自我の分析」）。山上容疑者の母親の場合、旧統一教会を理想化するあまり、批判力を失ったのではないか。

また、山上容疑者の母親にとって旧統一教会が「疑似家族」のようになっている可能性も考えられる。母親は、夫と長男を自殺で失っている。しかも、兄の自殺後、山上容疑者は家族と距離を置いていたようで、兄の一周忌にも姿を見せなかったという。

頼るべき家族を次々に失い、次男の山上容疑者とも疎遠になる中で母親が不安と孤独感を募らせたことは想像に難くない。そういう状況では、どうしても自分が信仰している宗教の信者との人間関係が濃密になりやすい。

悩みを抱える信者同士がつらさや苦しみを互いに打ち明けたり、旧統一教会独特の価値観を共有したりすれば、連帯感と安心感が生まれるだろう。その結果、旧統一教会が母親にとって「疑似家族」の役割を果たすようになったことは十分考えられる。

さらに、不安と恐怖から旧統一教会を批判することができなくなった可能性も否定できない。山上容疑者の母親は「亡くなった夫の霊を慰めないといけない」という理由で多額の献金を繰り返していたらしい。同時に、先祖の霊を慰めるという「先祖解怨式《かいえんしき》」にも繰り返し参加していたが、参加費は1回70万円という。おまけに、長男を連れて韓国の本部を訪れ、教義や祈禱を受ける40日間修練にも参加したようだ。裏返せば、旧統一教会が持ち出す霊や因縁などの話をそれだけ信じ込んでいたのではないか。

宗教社会学者の櫻井《さくらい》義秀《よしひで》・北海道大学大学院教授によれば、旧統一教会で教育用に用いられた「家系の不思議」というビデオでは、次のような内容が語られていたという。

①善因善果悪因悪果の応報的宿命観――不幸には先祖の因縁があるとされ、因縁転換の方法へと話が進む。

②縦横の法則――先祖の因縁（縦の原因）は兄弟姉妹（横の結果）にまで及ぶ。

③悪因縁の形成原因――五つあるとされ、1・離婚、再婚、2・庶子、3・同棲、4・初婚男性と連れ子のまま再婚、5・別居である。(櫻井義秀『霊と金――スピリチュアル・ビジネスの構造』)

こういう内容を刷り込まれていたら、これまで家族の不幸に見舞われることが多かっただけに、山上容疑者の母親が不安と恐怖を募らせたとしても不思議ではない。実際、旧統一教会の元信者の方がテレビに出演して、脱会後も「地獄への恐怖」があると話していた。同様の恐怖から旧統一教会を批判できなくなった可能性は十分考えられる。

母親は「宗教依存症」か

山上容疑者の母親が「宗教依存症」に陥っている可能性も否定できない。「宗教依存症」とは、何かのきっかけで宗教にのめり込み、その宗教を繰り返し勉強し宗教行事に参加し続けることで、宗教自体が必要不可欠な状態となってしまった状態を指す。ギャンブルやゲームなどへの依存症と同様に〈薬物なき依存症〉ととらえられる。

宗教によっては、その教義を守ることが最優先され、ほとんど自由裁量の余地がなくなることがある。場合によっては自分で考える余地も、その必要もなくなることさえあるが、それに居心地のよさを感じる人ほど「宗教依存症」に陥りやすい。逆に、自由裁量の余地がなく、自分で考えることも選ぶこともできない状態を居心地が悪いと感じ、理不尽だと思うような人は「宗教依存症」になりにくい。

問題は、宗教行事を何よりも最優先させるようになって、自分が仕事や学業、普段の日常生活に支障をきたしていることに気づかなくなってしまうことだ。山上容疑者は海上自衛隊に在籍していた２００５年に自殺未遂騒動を起こしているが、そのときも母親は韓国にいて修練の期間中だったようで、伯父が連絡しても、「まだ帰れない」という返事だったらしい。

このような状態が続いていたとすれば、母親は「宗教依存症」の可能性が高い。精神科医としての長年の臨床経験から申し上げると、数々の不幸に見舞われ、弱っていて、不安と孤独感を抱いている患者さんが宗教に入信することはときどきある。その結果、多額の金銭をつぎ込んで、それこそ「泣きっ面に蜂」の状態になる方もいる。そういう場合、宗教団体の側が巧妙に「宗教依存症」の状態に導こうとしている印象を受けることも少なくない。

もしかしたら、山上容疑者の母親も「宗教依存症」の状態に誘導されたのかもしれない。そのほうが多額の献金をし続けるので、旧統一教会にとっては都合がよかったはずだ。その結果、いまだに「宗教依存症」の状態が続いているとすれば、母親が山上容疑者に謝罪するとは考えにくい。

第5章 社会的背景

誰だって自分が悪いとは思いたくない。これは誰にでも自己愛がある限り仕方ないことで、こうした傾向は各人の自己愛の強さに比例する。だから、第4章で指摘したように、何かうまくいかないことがあると、その原因をまず外部に探し求める人がほとんどだ。

とはいえ、問題を解決して状況を少しでも改善するには、目の前の現実を直視することが第一歩になる。そのうえで、自分にも責任の一端があると気づいたら、自分自身にも悪いところがあると認めるのが大人のふるまいだと私は思う。

ところが、それができず、他人や社会のせいにして文句ばかり言う人が多い。このように何でも責任転嫁する他責的傾向が強く、自己正当化ばかりする人が最近増えているように見える。

一体なぜなのか。この章では、その背景にある社会的要因を分析したい。

被害者意識が蔓延

第1章で指摘したように、現在の日本社会には「自分は割を食っている」と被害者意識を抱いている人が多い。この被害者意識が認められるのは、第1章で取り上げたポストオフになった元管理職や定年後再雇用の社員だけではない。みな互いに被害者意識を抱き、不満と怒りを募らせているように見える。

たとえば、非正規社員と正社員の間の軋轢《あつれき》である。非正規社員は「正社員は高い給料をもらっているくせに、ろくに働かず、面倒な仕事は全部私たちに押しつける。それなのに、仕事がなくなったら真っ先に切られるのは私たち」と愚痴をこぼす。一方、正社員は「非正規社員には、責任感のない人が多い。注意したら、次の日から来なくなる。それに残業もしないので、何かあったら私たちが尻拭《しりぬぐ》いをさせられる」と不満を漏《も》らす。

同様の関係は、育休明けで時短勤務をしている女性社員と独身の女性社員の間にもあるように見受けられる。時短勤務の女性社員が「勤務時間は短いのに、フルタイム勤務と同じ成果が求められる。そのくせ、給料は少ない。育児、家事、仕事で大変な思いをしているのに、早く帰るときに白い目で見られて、腹が立つ」と愚痴をこぼせば、独身の女性社員も「時短勤務の社員が早く帰るので、その分私たちの仕事が増える。こっちが尻拭いしてあげているのに、そのことへの感謝もないので、報われない」と不満を漏らす。

こうした関係は、家庭や社会でも認められる。たとえば、共働きの家庭では、「私も働いているのに、家事も育児もほとんど私がやっている。たまに夫が手伝ってくれても、お皿に汚れが残っていたり、洗濯物がしわくちゃになったりするので、結局私がやり直さないといけない」と愚痴をこぼす妻が多い。一方、夫も「夜遅くまで働いてクタクタに疲れて帰っているのに、『全然手伝ってくれない』と愚痴を聞かされる。土日くらいはゆっくり休みたいのに、『私も働いているんだから、休みの日くらい手伝って』と頼まれる。手伝っても、『やり方が悪い』と文句を言われるので、腹が立つ」と不満を漏らす。

社会に目を向けても、自分たちの払っている年金保険料が高齢者に奪われているように感じて怒りを覚える若者と、長年真面目に働き年金保険料を納めてきたのに、その割には受け取る年金額が少ないと不満を募らせる高齢者の間に同様の関係があるような印象を受ける。

受け取る年金額の少なさに不満を抱く高齢者が多い現状は、年金事務所に勤務する職員のメンタルヘルスにも影響を与える。私の外来に通院中の40代の年金事務所職員の男性は、毎年1月から3月にかけて調子が悪くなる。

これには、それなりの理由がある。定年退職者の多くは、だいたい3月末に退職し、4

月から年金を受給するので、その前に年金事務所に相談にやってくる。その際、自分が受け取れる年金額が、予想よりも少ないことに愕然とするらしく、「なんでこんなに少ないんだ」「こんなの詐欺じゃないか」などと暴言を吐く人もいるようだ。そういう人への対応で疲れ果てて、調子を崩すわけである。

この年金事務所職員の心身の不調は、定年退職者の年金に対する不満の強さを反映している。一方、年金保険料を払っている現役世代、とくに若者の間にも不満は鬱積している。20代の若者から、「このまま少子高齢化が進んだら、自分たちの世代は年金なんかもらえないんじゃないですか。給料から毎月結構な額を自動的に引かれているけど、払い損なんじゃないですか」と尋ねられたこともある。彼らもやはり強い被害者意識を抱いている。

このように自分こそ被害者だと多くの人々が思い込んでいるのが、日本の現状だ。被害者意識が強くなると、加害者とみなす相手に対して怒りを覚え、罰を与えたいと願うようになる。そのため、どうしても攻撃的になりやすいが、それを悪いとは思わない。なぜかといえば、「自分は被害者で、割を食ったのだから、これくらいのことは許されるはず」

と正当化するからだ。

「みんな叩いているんだから自分もやってもいい」

厄介なことに、加害者とみなす相手に怒りを覚えても、直接ぶつけるのが難しい場合が少なくない。たとえば、本当に腹が立っているのは、理不尽な指示で部下を振り回すくせに、責任はすべて部下に押しつける上司だったり、ろくに家事をしないくせに、文句ばかり言う妻だったりするが、そういう相手には怖くて何も言えない。

あるいは、現在の年金制度に腹が立っても、それを作った政治家は遠い存在だし、監督官庁である厚生労働省もあまりにも巨大な組織なので、直接怒りをぶつけられない。場合によっては、第4章で取り上げた山上容疑者のように、怒りをぶつけて恨みを晴らしたい相手への接近それ自体が難しいこともあるだろう。

それでも、怒りが消えてなくなるわけではない。怒りは、澱《おり》のようにたまっていくので、何らかの形で吐き出さずにはいられない。だから、その矛先を方向転換して別の対象に向ける「置き換え」というメカニズムが働く。第4章で取り上げた山上容疑者が安倍元首相を銃撃したのは、この「置き換え」によると考えられる。先ほど紹介した年金事務所職員が定年退職者から暴言を浴びせられるのも、やはり「置き換え」のせいだろう。

同様のメカニズムが働いた結果起きていると考えられるのが、政治家や芸能人などの発言、あるいはネット上に掲載された記事の炎上である。その内容に非難すべき点があると思うからバッシングするのかもしれないが、一部分だけを切り取ったり、ちょっとした言葉遣いをあげつらったりして、血祭りに上げているように見える場合が少なくない。

なかには、他の人が残した怒りのコメントを少し読んだだけで、輪をかけて激しい怒りのコメントを残す人もいるようだ。さらに、発言や記事の元の文脈を無視しているとしか思えない人もいて、きちんと読んでいないのではないかと疑いたくなることもある。

こういう人は、いわば他人の怒りに便乗して怒るわけで、〝便乗怒り〟といえる。この〝便乗怒り〟は、「他の人も怒っているのだから、自分も怒ってもいい」という理屈で正当化されやすい。当然、怒っている本人は、自分が悪いとは思わない。

とくに、「怒ってはいけない」というしつけや教育を幼い頃から受けてきて、怒ることに恥ずかしさと後ろめたさを感じている人ほど、こうした正当化によって便乗への抵抗が小さくなるのではないか。「他の人も怒っているのだから……」と思えば、そういう気持ちを払拭できるからだ。

いわば「赤信号みんなで渡れば怖くない」という心理が働き、他人の怒りを口実にして心理的な抵抗なしに怒ることができる。当然、怒りのコメントを残している人がほかにも大勢いるほど、そして他のコメントが手厳しいほど、抵抗は小さくなる。

心理的な抵抗が小さくなると、怒りの対象だったはずの発言や記事がそもそもどんな内容だったのかも、どのような文脈で発信されたのかも、それほど重要ではなくなる。なかには、そんなものはどうでもいいとさえ思う人もいるようだ。

こういう人の多くは、「誰でもいいから叩きたい」という欲望に駆り立てられている。とにかく誰かに「けしからん」と怒りをぶつけることによってしか、心中にたまっているわだかまりやしこりを解消できないのかもしれない。

そのうえ、怒ることによって優越感も味わえる。怒りのコメントが多いのは、たいてい不祥事や失言などがあったときなので、そういう〝失点〟を厳しく責め、そんな〝失点〟は自分にはないと強調すれば、自分のほうが優位に立てる。

こうした優越感は、相手が大物であるほど味わえる。当然、政治家や芸能人は絶好のターゲットになる。この手の有名人は大衆の羨望をかき立てる存在であり、羨望とは他人の幸福が我慢できない怒りにほかならないので、羨望の対象を叩くことによって得られる優越感は格別だろう。

厄介なことに、羨望とは最も陰湿で、恥ずべき感情である。だから、そういう感情が自分の心の中にあることを認めたくない人が多い。しかも、羨望を抱いている自覚がない人ほど、正義感の衣をかぶせる。たとえば、「不倫するなんて人倫にもとる」「あんな暴言を吐くなんて政治家として失格」といった〝正論〟を吐く。

このような人が増え、バッシングが激しくなれば、その対象になった有名人が自殺に追い込まれかねない。実際、炎上によって自殺者が出たこともある。それでも、叩いた側は必ずしも自分が悪いとは思わない。

なぜかといえば「みんな叩いているんだから自分もやってもいい」という理屈で正当化されるからだ。おまけに、集団で袋叩きにするので、どこまで自分の責任なのかがあいまいになり、罪悪感が払拭される。

あら探しをしてでも鬱憤晴らしをせずにはいられない

「誰でもいいから叩きたい」という欲望を抱くのは、日頃から鬱憤がたまっていて、そのはけ口を探さずにはいられないからだろう。つまり、怒りたくても怒れず、欲求不満にさいなまれている。だから、誰でもいいから怒りをぶつけて、スカッとしたい。

こうした欲望が端的に表れたのが、先ほど取り上げたネット上の炎上、そしてそれに便乗する〝便乗怒り〟だが、最近問題になっている「カスタマーハラスメント」、いわゆる「カスハラ」の根底にも同様の欲望が潜んでいるように見える。

「カスハラ」とは、客の理不尽な要求や悪質なクレームなどの迷惑行為であり、最近深刻化している。たとえば、店員に「お前は頭が悪い。だからこんな仕事しかできないんだ!」と暴言を吐いたり、態度が気に入らないという理由で土下座を要求したりする。あるいは、返金や賠償金を要求し、それが受け入れられないと、「ネットに実名入りで悪評を書く」「殺されたいのか」などと脅す。

こうした「カスハラ」が増えている背景には、デフレ経済が30年も続く状況で、顧客獲得のために〝過剰〟ともいえるサービスが当たり前になったことがあるように見える。また、ＳＮＳの普及によって誰でも悪評を容易に発信できるようになり、しかもそれがすぐに拡散することも大きいだろう。

だが、問題の核心は、店員を怒鳴りつけたり脅したりすることによって日頃の鬱憤を晴らそうとする客が少なくないことだと私は思う。なかには、商品やサービス、果ては店員の態度のあら探しをして、いちゃもんをつける客もいると聞く。この手の客は、日頃怒りたくても怒れないので、怒りの「置き換え」によって、その矛先を言い返せない弱い立場の店員に向けると考えられる。

矛先を向けられた店員が客の要求を受け入れ、謝罪すれば、客としては優越感を味わえる。日頃鬱屈しており、無力感にさいなまれている人ほど、「カスハラ」によって得られた優越感を忘れられないのか、繰り返すように見受けられる。

その結果、警察沙汰になることもあるようだ。もっとも、それほどの大事《おおごと》になっても「カスハラ」の加害者が「悪かった」と心から反省するかといえば、はなはだ疑わしい。店側に落ち度があったから、それを自分は指摘し、正しただけと正当化する人が多い印象を受ける。

「自分には責任のないこと」と感じる災難

こうして鬱憤晴らしをするのは、日頃から欲求不満と怒りがたまっているからだろう。しかも、その原因として「自分には責任のないこと」と感じるような災難が最近増えているように見える。

その最たるものが過去30年にわたってほぼゼロ成長が続き、賃金もほとんど上がらなかったことだ。デフレが続いた30年間に、1人当たりGDPは世界第28位（2021年、IMF推定値）にまで低下した。このような日本経済の地盤沈下に、コロナ禍がさらに追い打ちをかけた。

その結果、経済的に苦しい状況に追い込まれる人が増えたが、自らの経済的困窮について自己責任と受け止める人がどれだけいるだろうか。自分の責任とは到底思えない人のほうが多い印象を受けるが、それを責めることは誰にもできそうにない。

たとえば、コロナ禍によって休業や営業時間短縮を余儀なくされ、その結果収入が激減した、場合によっては職を失った人々である。新型コロナウイルスの感染拡大が始まってしばらくしてから、心身の不調を訴えて私の外来を訪れる人が増えた。とくに多かったのは、以前勤めていた職場がコロナ禍で閉店や休業に追い込まれたり、自身が人員削減の対象になったりして、別の業種で働くようになったものの、その転職先でうまく適応できなかったというケースだ。

40代の男性Pさんは、以前は飲食店で働いていたのだが、コロナ禍で緊急事態宣言が出され、解除された後も客足が戻らなかったので、経営者が閉店を決意した。そのため、Pさんは職を失い、コロナ禍の最中で飲食業の求人がなかったため、仕方なく障害者施設の職員として働くことになった。

しかし、若い頃から飲食店でしか働いたことがなかったPさんは、うまく適応できず、年下の上司から叱責される日々が続いた。あげくの果てに施設の利用者からも「ポンコツ〇〇」と呼ばれるようになり、朝出勤しようとすると吐き気や動悸、頭痛や腹痛などの症状が出現。夜も眠れなくなり、常に将来への不安にさいなまれるようになったため、私の外来を受診した。

50代の女性Qさんも、Pさんと同様、転職後に適応障害を発症した。Qさんは30年以上アパレル業界で働き、大好きな服を売ることを自分の天職と思っていたという。しかし、コロナ禍で緊急事態宣言が出され、勤務先の店舗が入っていた商業施設が全館休業に追い込まれた。さらに、解除後も売り上げが低迷したため、その店舗の撤退を上層部が決断。Qさんが勤務していた会社では、それ以外の店舗も次々と撤退することが決まり、退職するしかなかった。そのうえ、アパレル業界全体の業績悪化の影響で同業他社への転職も難しかったようだ。

独身のQさんは、高齢の両親に頼るわけにもいかず、自分で食べていくしかなかったので、知り合いに紹介してもらった食品会社で事務員として働くようになった。だが、長年アパレル業界でしか働いたことがなかったQさんにとっては未知の事柄が多く、パソコンの扱いにもあまり慣れていなかったため、何をするにも時間がかかった。

そのせいか、若手の女性社員から「おばちゃんはもたもたするから嫌」「とろい人はお荷物なのよ」などと嫌みを言われるようになった。ロッカールームで女性社員2人が「コネで入ってきて仕事ができない人って本当に迷惑よね」と聞こえよがしに話していたこともあるそうだ。やがて、事務手続きやパソコンの操作でわからないことを質問しても無視されるようになり、動悸、不安、不眠などの症状が出現したため、私の外来を受診。

２人とも、適応障害を発症した一因として、コロナ禍によって転職を余儀なくされたことがある。そのためだろうか、「コロナさえなければ前の職場でずっと働けたのに。そしたら、こんなつらい思いをしなくてすんだのに」という思いが強いらしい。もっとも、だからといってコロナウイルスに怒りを直接ぶつけるわけにはいかない。第一、そんなことは不可能だ。

やがて、Ｐさんは飲食店、Ｑさんは洋服屋にお客さんが入っているのを通りがかりに見かけると、「自分の店は閉店に追い込まれたのに、この店は開いている」ことに腹が立ってたまらなくなったという。これも怒りの「置き換え」による矛先の方向転換であり、今後怒りの制御ができなくなれば、「カスハラ」の加害者になる可能性も否定できない。

コロナ禍によって人生設計が狂ったという点では、第１章で取り上げたＡさんも同様である。Ａさんは、もともと希望していた業種に就職が内定していたのだが、間《ま》が悪いことに入社直前の時期に新型コロナウイルスが猛威を振るい始めたため、内定を取り消された。半年間の就活の末入社したのが建設会社だが、もともと希望していた業種ではなかった。しかも、Ａさんは内勤か営業を希望していたのに、現場事務所に配属されたことに強い不満を抱いていたようだ。

だからといって、現場事務所に外部から男が侵入してハンマーを振り回し、壁を叩いたという作り話をして、会社さらには主治医までもだましていいというわけではない。ましてや、その作り話にもとづいて仮病を装い、傷病手当金を請求しようとするなんて言語道断だ。

ただ、コロナ禍の影響で就職の内定を取り消された体験を、「自分には責任のないことで不公正に不利益をこうむった」と受け止めた可能性は十分考えられる。その結果、第4章で取り上げた山上容疑者と同様に〈例外者〉特有の心理が働いて、「普通の人なら許されないことでも、自分だけは許される」と思い込んで自らの行為を正当化したようにも見える。

同じような思い込みから自己正当化する人が増えている印象を受ける。その背景にあるのはコロナ禍だけではない。ウクライナ侵攻、世界的な物価上昇、円安などに起因する物価高もあると考えられる。

とくに多くを輸入に頼る食品や燃料の価格が高騰しており、生活に困窮する人が増えている。また、燃料や原材料などの物価高の影響を受けた倒産、いわゆる「物価高倒産」も急増している。

「物価高倒産」とは、燃料や原材料などの仕入れ価格が上昇したり、取引先からの値下げ圧力によって価格転嫁できなかったりして、収益を維持できずに倒産した事例を指す。運輸や建設、食品といった業種が目立ち、価格転嫁が難しい中小・零細企業を中心に増えているという。

物価高のせいで生活に困窮している人も、「物価高倒産」によって経済的損失や失職に直面した人も、「自分には責任のないことで不公正に不利益をこうむった」と受け止める可能性が高い。その結果、〈例外者〉的な心理が働いて、普通は許されないことでも許されると思い込む人が増えるのではないだろうか。

「他の人もやっているんだから自分もやってもいい」

先ほど「他の人も怒っているのだから、自分も怒ってもいい」という理屈で正当化される〝便乗怒り〟を取り上げたが、同様に正当化されることが多いのが不正行為である。

たとえば、コロナ禍の経済対策として導入された持続化給付金は、迅速な支給のために申請や審査が簡素化されたが、その仕組みが逆手に取られて悪用された面があるようで、数多くの不正受給が次々と発覚した。

中小企業庁によると、要件を満たさなかったとして給付金の受給者が自主返還を申し出た件数は2022年5月時点で約2万2千件もあったという。自主返還があった場合には警察への通報や被害相談はしないということだが、その一方、全国の警察による摘発も相次いだ。

驚いたことに、衆院議員事務所元スタッフ、あるいは大阪国税局OBで元税理士など、それなりの権威があって、不正には人一倍きちんと対応するように世間から思われていた立場の人間も給付金を詐取した疑いで逮捕されている。

それどころか、経済産業省のキャリア官僚や東京国税局職員など、給付金の仕組みについて専門的知識を持っていて、むしろ不正を取り締まる側の人間も詐欺容疑で逮捕されている。この手の人間から不正受給を持ちかけられたら、犯罪意識なしに手を染めてしまうだろう。しかも、「他の人もやっているんだから自分もやってもいい」と正当化されやすい。

「拡大自殺」の連鎖

「他の人もやっているんだから自分もやってもいい」という正当化は、不正行為に限らず犯罪一般で起こりやすい。これは、「コピーキャット（copy cat）」、つまり模倣によると考えられる。

この「コピーキャット」によって、最近続発しているように見えるのが「拡大自殺」である。「拡大自殺」とは、「自分はもうダメだ」と人生に絶望して自殺願望を抱いた人が「1人で死ぬのは嫌だ」「自殺するのは怖い」という理由から、他人を道連れに無理心中を図る行為を指す。

令和に入ってから、この「拡大自殺」の連鎖が起きており、最近その頻度がさらに増しているように見受けられる。まず、2019年5月に発生した川崎スクールバス児童殺傷事件（死者2人）では、当時51歳の男が小学生や父兄を刺殺した後、自殺した。

「拡大自殺」の連鎖は、2021年以降さらに顕著になった。10月に東京の京王線で走行中の列車内で火を付けたり刃物で乗客を刺したりして十数人にけがをさせた当時25歳の男は、生活に窮していたようで、逮捕後「誰でもいいから2人くらい殺して死刑になろうと思った」と供述したという。この供述から、「死刑のための殺人」をもくろんだが、未遂に終わったと考えられる。「死刑のための殺人」も「拡大自殺」の一種である。

同年12月には大阪市の心療内科クリニックで、通院患者の1人だった61歳の男がガソリンをまいて火を放ち、25人が巻き込まれて死亡した。院内の防犯カメラには、この男が自ら炎の中に飛び込み、逃げ惑う患者らの前に立ち塞がって体当たりする姿が写っており、本人も死亡しているので、典型的な「拡大自殺」といえる。

年明けの2022年1月には、高校2年生の17歳の少年が東京大学前の歩道で、大学入学共通テストを控えた受験生2人と70代の男性1人を刃物で刺して負傷させた。この少年は、東大医学部に進める理科三類への入学を熱望していたが、成績下落によって「東大理三合格はおそらく無理だ」と絶望したようで、「それならば自殺する前に人を殺して、罪悪感を背負って自殺しようと考えた」と逮捕後に供述している。

埼玉県でも同月、母親の死に直面した66歳の男が母親の主治医らを自宅に呼び出し、散弾銃で殺害するなどした。この男は、母親の死をきっかけに将来を悲観したようで、「医師を殺して自殺しようと思った」と供述したという。

同年８月には、福岡県北九州《きたきゅうしゅう》市小倉北《こくらきた》区の住宅で37歳の母親と高校１年生で15歳の娘が刺されて大けがをした事件があり、その後、近くの線路で東京の17歳の少年が列車にはねられて死亡した。高校生の娘が「ＳＮＳで知り合った人に刺された」と話しているので、この少年は母親と娘を刺した後、自殺を図った可能性が高い。

その１週間後、今度は東京都渋谷《しぶや》区の路上で53歳の母親と19歳の娘が刺された。殺人未遂容疑で現行犯逮捕されたのは、埼玉県戸田《とだ》市に住む市立中学３年生の15歳の女子生徒であり、容疑を認め「死刑になりたいと思い、たまたま見つけた２人を刺した」と供述したという。

この少女も、「死刑のための殺人」をもくろんだが、未遂に終わったと考えられる。１月の東大前刺傷事件でも１週間前の北九州市母娘刺傷事件でも、10代の少年が「拡大自殺」を図っているので、それに触発されたのかもしれない。

一連の事件を振り返ると、「拡大自殺」の連鎖が起きていることは否定しがたい。先行する事件が増えるほど、そして社会から注目を浴びるほど、「コピーキャット」による連鎖が起きやすい。

怖いのは、他人を巻き添えにしても悪いとは思わないことだ。それだけつらいことが多く、絶望感にさいなまれ、不満や怒り、さらには復讐願望を募らせているのかもしれないが、同種の事件が相次いで起きると、「他の人もやっているんだから自分もやってもいい」と正当化されやすい。しかも、犯行の手法も「コピーキャット」の対象になりうる。したがって、今後も模倣犯が続出するのではないかと危惧せずにはいられない。

不安による正当化

先ほど東京国税局職員が持続化給付金を詐取したとして逮捕された事件に触れたが、この職員が加わっていた詐欺グループは合わせて8人が逮捕されている。この詐欺グループの紅一点が、犯行当時20歳という若さだった女である。

彼女は美人だったこともあって注目を集め、初公判で検察官から「どうしてお金が欲しかった?」と尋ねられて、「老後に2000万円が必要だと聞き、将来への不安がありました」と答えた。

いわば「老後の不安」から詐欺グループに加わったわけだが、このようにお金がなくなるのではないかという喪失不安から不正に手を染める場合、「不安に耐えられなかったからやった」「不安だったから仕方なかった」などと正当化されやすい。

もっとも、喪失不安を抱えているのは彼女だけではない。現在の日本社会では、個人が貯金に熱心なだけでなく、企業も投資に消極的で内部留保を積み上げる一方だ。その根底には喪失不安が潜んでいると考えられる。一般に喪失不安が強いほど、お金を貯め込む傾向が強くなるからである。

多くの人々が失うのではないかと恐れているのは、お金よりもむしろ職かもしれない。第1章で、遅刻を繰り返していたCさん、ミスが多かったDさん、そして取引先への対応が拙く先方からクレームが相次いだEさんが、いずれも上司から叱責されて「パワハラ」と騒ぎ立てた騒動を取り上げた。この3人が自分の落ち度を決して認めようとしないのは、やはり職を失うことへの喪失不安があるからだろう。

また、同じく第1章で取り上げたK部長が部下に平気で責任転嫁するのも、現在手にしている地位や収入への執着、そしてそれを失うことへの喪失不安が強いせいで、自己保身願望の塊のようになっているからだと考えられる。

K部長のように自己保身を第一に考え、自分の非を決して認めようとしない人はどこにでもいるが、その背景には厳しい雇用情勢がある。

特別な技術も資格もコネもない人が1度職を失うと、同等の収入と待遇が保証される職を見つけるのは難しい。だからこそ、「わが身を守るためには仕方ない」と自己正当化して、自分自身の落ち度が問われるのを避けるためなら、パワハラをでっちあげることでも、他人に責任に押しつけることでも平気でする。場合によっては、他人を蹴落《けお》とすための誹謗中傷も厭《いと》わない。

椅子取りゲームの激化

雇用情勢は、コロナ禍によって厳しくなり、それに伴って職をめぐる椅子取りゲームも激化した。その影響で適応障害を発症したと考えられるのが、先ほど紹介したPさんとQさんである。

もっとも、コロナ禍の前から、「構造不況業種」と呼ばれていたアパレルや百貨店では人員削減の動きがあり、椅子取りゲームが激化していた。そういう業種では、いじめとしか思えないようなことが平気で行なわれていた。

たとえば、通りすがりに「邪魔」「死ね」などと暴言を吐くとか、重要な連絡事項を特定の1人にだけ伝えないとか、その人から話しかけられてもみんなで無視するとかいった類《たぐ》いのことだ。そのせいで心身に不調をきたした方が何人も私の外来を訪れた。

なかには、休職後に復職しても、以前と同様の扱い、いやそれどころか一層ひどい扱いを受けて耐えられなくなり、自分から退職を申し出て辞めた方もいる。そういう方を見ても、同情するどころか、「1人辞めたので、しばらく自分の椅子は安泰」と胸をなでおろした職場の同僚もいるのではないか。

最近では、かつて羨望のまなざしで見られていた新聞社やテレビ局でも早期退職を募集している。いずれも、高学歴・高収入のエリートの集まりであり、非常に激しい競争を勝ち抜いて入社したはずだ。

にもかかわらず、インターネットの登場と普及によって、マスコミは今や「斜陽産業」

になりつつあるが、それを「自分の責任」と受け止めることは到底できないだろう。だから、「自分には責任のないことで不公正に不利益をこうむった」と感じる社員がいても不思議ではない。

しかも、高いプライドの持ち主が多そうなので、自分の能力や長年のキャリアに見合った相応の職種と収入を求めるだろう。しかし、そんな仕事が簡単に見つかるかといえば疑問である。そのため、「自分の身を守るためには仕方ない」と正当化して、他人を蹴落とすようなことをする社員もいるかもしれない。

厄介なことに、日本の企業には、事実上、社内で仕事を見つけられない、いわゆる社内失業者が400万人もいるという。これは企業に雇用されている正社員の1割に相当する数らしい（加谷珪一『貧乏国ニッポン――ますます転落する国でどう生きるか』）。

こんなに社内失業者が多かったら、なかには自分の椅子を確保するためなら何でもするという心境になり、同期を引きずりおろしたり邪魔者を蹴落としたりすることを自分の仕業だとわからないように、こっそりとやろうとする社員もいるに違いない。

社内失業者が多い最大の原因として、雇用の流動性が低いことが挙げられる。日本型雇用の3本の柱は年功序列賃金、終身雇用制、企業別組合だったが、いずれも維持するのが困難になった。

それでも、人材が過剰になっているところから、人材が足りないところへの移動、つまり転職は欧米ほど活発にはなっていない。いまだに、「勤める会社をたびたび変わると、履歴書が汚れる」と子どもに助言する親もいるようだ。なるべく変化とリスクを避け、安定を求める国民性も影響しているのか、世界的に見て日本は雇用の流動性が低い国になっている。

このように雇用の流動性が低いと、いくら不満があっても、つらい思いをしても現在の職場にしがみつくしかない。また、喪失不安から、自分の椅子を守るためという理由で他人への陰湿な攻撃を正当化することもあるだろう。だからこそ、いじめやパワハラが横行するのではないか。

その被害者を数多く診察して痛感するのは、「辞めたくても、次の仕事が見つからないので、現在の職場にしがみつくしかない」状況がいかに被害者の心身の症状を悪化させるかということである。

雇用の流動性が高く、容易に転職できる社会であれば、今いる職場にしがみつかなくてもすむ。そうなれば、椅子取りゲームで生き残るために他人を攻撃する人も、その攻撃のせいで心身に不調をきたす人もぐんと減るのではないだろうか。

成果主義の重圧

成果主義の重圧によって、不正に手を染めることが正当化されることもある。その典型がスルガ銀行だ。スルガ銀行は、個人向けに特化した独自のビジネスモデルで成長し、地方銀行のなかでは優良とされてきた。ところが、2018年、シェアハウス運営会社の経営行き詰まりによって、不正融資問題が発覚した（「週刊東洋経済」2018年9月29日号）。

第三者委員会が公表した調査結果によれば、書類改ざんなどの偽装は、シェアハウス以外の収益不動産ローンにも及んでいた。虚偽価格で契約書を作成したり、賃料収入を多く見せたりする偽装によって、融資額や担保評価額をつり上げていたのだ（同誌）。

こうした不正の背景には、過大な営業目標と過度のプレッシャーがあったようだ。数字が優先されるあまり、ノルマを達成できない行員は厳しく叱責されたという。「数字ができないなら、ビルから飛び降りろ」「おまえの家族を皆殺しにしてやる」などの罵詈雑言が浴びせられたとも報じられており、第三者委員会の調査報告書には、次のような行員の声が掲載されている。

「パワハラ以外の何ものでもないことが各地で行われていることを知っていながら、誰も止められなかった」(同誌)

過大な営業目標と過度のプレッシャーのせいで暴走したという点では、東芝も同様だ。東芝は、アメリカの原発事業の失敗で巨額の損失を出し、グループの営業利益の9割を稼いでいた〝虎の子〟の半導体メモリー子会社「東芝メモリ」を売却した。さらに2018年11月には、1400人規模の希望退職をはじめとして、7000人規模の人員削減を進める方針を発表した。

その後も東芝は迷走を続けている。2021年11月に3社分割案を発表したが、いわゆる「物言う株主」の反対で方針転換を余儀なくされ、3カ月後の2022年2月には2社分割案に修正した。しかし、その2社分割案も同年3月の臨時株主総会で否決され、経営再建が今後どうなるのか不透明だ。

ここまで追い詰められるほど東芝が経営危機に陥ったきっかけは、粉飾決算の発覚である。

2015年1月、証券取引等監視委員会に東芝社内から内部告発があり、告発があった「利益水増し」について2カ月間調査した第三者委員会は、同年7月、長大な調査報告書を東芝に提出した。注目すべきは、この報告書に「チャレンジ」という言葉が何度も登場することだ（大西康之『東芝 原子力敗戦』）。

「チャレンジ」は、東芝では「上意下達される営業目標」を指していた。これを経営用語として用いたのは、1965年に経営不振の東芝を立て直すために乗り込んだ土光敏夫《どこうとしお》である。土光は、のんびりした社風から「公家集団」と呼ばれていた東芝を戦う集団に変えるために、高い目標に挑戦させようとしたのだろう。しかし、この「チャレンジ」の意味が次第に変質し、真面目な社員ほど「不正をしてでも達成しなくてはならない数字」と受け止めるようになったことが、報告書からわかる（同書）。

しかも、報告書は、歴代3社長が現場に〝圧力〟をかけるなどして、「経営トップらを含めた組織的な関与があった」と断定している。同時に「上司の意向に逆らえない企業風土があった」とも指摘しているので、上からの〝圧力〟には無批判に服従しなければいけない空気が漂《ただよ》っていたと考えられる。

このような空気を吸っていたら、指示された目標が現状ではほとんど実現不可能な過大なものだったとしても、真面目な社員ほど達成のための努力を積み重ねたに違いない。それでもどうにもならなければ、利益を水増ししてでも、表向きは目標を達成したかのように装ったのではないか。その積み重ねが粉飾決算につながったともいえる。

ちなみに、ジャーナリストの大西康之氏が取材の過程で出会った中間管理職の男性社員は次のように話したという。

「社長チャレンジを受け、つじつま合わせの数字を作っている時、罪悪感は全く感じませんでした。むしろ決算が終わると、ある種の達成感を感じました」（同書）

つまり、「利益水増し」という不正に手を染めても、悪いとは思わなかったわけだ。この点では、「つじつま合わせ」のために融資額や担保評価額をつり上げたスルガ銀行の行員も同じだろう。

スルガ銀行ではパワハラ、東芝では上からの〝圧力〟によって、現場の人間が不正に手を染めなければ昇進のチャンスを逃すのではないか、場合によっては職を失うのではないかという喪失不安にさいなまれたことは十分考えられる。しかも、取引書類の偽装や「利益水増し」が常態化していたのなら、「他の人もやっているんだから自分もやってもいい」という理屈で正当化しやすかったに違いない。

同時に、スルガ銀行ではパワハラ、東芝では〝圧力〟によって部下を不正に誘導した上司も悪いとは思わなかった可能性が高い。「会社のため」という大義名分によって正当化できるからだ。

しかも、大西氏は、東芝の経営幹部全員に共通してあったのは「自分の昇進に対するおそろしい熱心さ」だと述べている（同書）。昇進に熱心な社員ほど、自分が頑張った〝ご褒美〟として手に入れた地位や肩書が「レゾンデートル（存在理由）」になっており、人一倍執着する。もちろん、それを失うことに対する喪失不安も強い。

そのため、業績を上げるためには何でもするという心境になりやすく、パワハラや〝圧力〟を、自らの「レゾンデートル」を守るためには仕方ないと正当化したとしても不思議ではない。

現在の日本は貧しくて「安い国」になっており、企業の競争力も低下している。そのせいか、まっとうな方法では業績を上げるのが困難な業種も少なくない。こうした状況では、喪失不安から不正に手を染め、しかもそれを正当化する人がますます増えるのではないだろうか。

第6章
自分が悪いとは思わない人を変えるのは困難

肝《きも》に銘じておかなければならないのは、自分が悪いとは思わない人を変えるのは極めて困難ということだ。ときにはほとんど無理なことさえある。この章では、その理由について解説したい。

知らず知らずのうちに正当化

これまで見てきたように、自分が悪いとは思わない人はしばしば自己正当化する。厄介なのは、この正当化が知らず知らずのうちに行なわれることだ。それに対して、嘘をつく場合は本人にその自覚がある。正当化は本人に自覚がない分、嘘よりも厄介といえる。

正当化する人は、必ずといっていいほど言い訳を並べ立てる。よくそんなに思いつくなあと感心するほど次から次へと言い訳を繰り出すが、必ずしも嘘をついているわけではない。少なくとも本人の認識では、嘘をついているつもりは毛頭ない。

言い訳とは防衛本能の産物にほかならない。だから、自己保身願望が強く、他人から責められるのも自分で責任を取るのも嫌な人ほど言い訳の達人になりやすい。こういう人は、傍《はた》から見れば自己正当化しているように見えるかもしれないが、本人は自分を守りたい一心でやっており、無自覚なことが多い。

このように自覚がない人に、自分が悪いと思わせるには、まず何が問題なのかを認識させることが必要になる。だが、自覚がない状態それ自体が、自身の心を穏やかに保つための防衛メカニズムが働いた結果として生じる場合もある。そういう人に自覚を持たせ、自分にも問題点があったと認識させることが果たしてできるだろうか。

とくに正当化が、第２章で取り上げた「暗点化」と結びついていると、本当に厄介だ。たとえば、20代の女性Rさんの夫は少しでも自分の気に入らないことがあるとすぐにキレてテーブルをひっくり返したり、手当たり次第に物を投げつけたりするらしい。茶碗を投げて割ったこともあり、あるときRさんが「怒って茶碗を割ったこともあるよね」と指摘したところ、夫は「そんなことあったか。覚えてない」と答えたという。

Rさんは驚き、最初は夫が嘘をついていると思ったそうだ。しかし、夫は必ずしも嘘をついているわけではないらしく、本当に自分が茶碗を割った記憶が抜け落ちているようだった。そのことにRさんは愕然としたという。

Rさんの夫の〝記憶喪失〟は、自分に都合の悪いことが意識からすっぽり抜け落ちる

「暗点化」によると考えられる。「暗点化」が起きやすい人は、自分に落ち度があっても、その自覚を持ちにくい。

自覚がなければ、わが身を振り返って、自分にも悪いところがあったと反省するわけがない。他人から不都合な事実を指摘されても、Rさんの夫のように「覚えてない」の一言ですませるに違いない。こういう人を変えるのは至難の業なのである。

他責的傾向と表裏一体

しかも、自己正当化する人ほど、他人のせいにする傾向、つまり他責的傾向が強くなる。これは当然だ。なぜかといえば、何かうまくいかないことがあると、原因探しをせずにはいられないのが人間という動物だが、自分には落ち度がないと思い込んでいる人ほど、その原因をたいてい外部に探し求めるからだ。

その極端な例が、認知症のせいで記憶力が低下して、お金や財布をどこに置いたか忘れてしまい、探し回っても見つからないので、「盗まれた」という妄想を抱くようになる高齢者だろう。このような妄想を「物盗られ妄想」と呼ぶ。

「物盗られ妄想」が出現するのは、「(お金や財布が)ない」→「誰かが盗った」と短絡的に考えるからだ。認知症の姑が、同居している嫁に「(お金や財布を)盗られた」と妄想的に解釈して、嫁を怒鳴りつけたため、離婚騒動に発展したという話をときどき聞く。この手の悲劇は、自分が認知症だという自覚、つまり「病識」が本人に欠如しているからこそ起きる。

認知症の高齢者に限らず、だいたい自分にも問題があるという自覚がない人ほど、他責的になりやすい。第1章で取り上げたCさん、Dさん、Eさんの3人が「パワハラ」と騒ぎ立てたのも、遅刻やミスなどを繰り返していたくせに、そんな自分に非があるという自覚がなかったからだろう。

この自覚の有無は非常に重要なポイントだ。CさんもDさんもEさんも決して病気ではないが、自覚がないという点では、精神医学的には「病識」が欠如しているといえる。「病識」が欠如している患者さんほど治療困難というのが精神科医の共通認識である。

常識が通じない人は一定の割合で存在

自分が悪いとは思わない人のなかには、常識が通じない人もいる。常識がないという自覚さえない場合もあり、こういう人を変えるのは非常に困難だ。ほとんど不可能に近いといっても過言ではない。

それでは、常識とは何かという話になる。常識とは、common senseの邦訳であり、一般に共有されている知識、感覚、認識、思慮分別などのひとまとまりを指す。明文化されているわけではないが、どんな社会やコミュニティーにも常識は存在する。

もちろん、社会やコミュニティーによって常識が異なることもありうる。だから、「これは常識でしょ」と押しつけるようなことは慎むべきだろうが、どんな集団にも常識が通じない人は一定の割合で存在する。そういう人ほど自己正当化する傾向が強く、自分が悪いとは思わないような印象を私は抱いている。

常識が通じないことでトラブルが起きやすいのは、職場よりも家庭のほうが多そうだ。たとえば、20代の女性Sさんは、新婚旅行に夫の両親が同行したいと希望し、夫も賛成したせいで眠れなくなり、この先結婚生活を送っていけるのか不安になったと訴えて、私の外来を受診した。

Sさん夫婦は共働きだが、2人ともまだ若く、それほど給料が高いわけではないので、結婚式も披露宴も行なわず、ドレスを着て記念撮影をするフォトウエディング（写真だけの結婚式）で簡素にすませ、入籍。

その分浮いた費用で新婚旅行を豪華なものにし、結婚生活が落ち着いてから出発するということで夫と合意していた。Sさんはとても楽しみにしており、ヨーロッパ旅行の計画を立て、準備していた。

ところが、夫の両親が一緒に行きたいと言い出した。Sさんは「新婚旅行は特別だから夫と2人だけで行きたい」と希望したが、姑が「結婚式を挙げず、親孝行しなかったのだから、その償《つぐな》いをしてちょうだい」「新婚旅行は家族旅行と同じ」「あなたはうちに嫁にきたのだから、うちに尽くすべき」などと主張して譲らなかった。

おまけに、夫も姑の味方をして「こんなことでしか親孝行できないんだから、一緒に行ってくれよ」と頼んだ。そのため、Sさんは「この人とやっていけるのだろうか」と思い悩み、眠れなくなったという。

結局、Sさんはキャンセル料を払って新婚旅行を中止。せっかく会社からもらっていた新婚旅行中の有給休暇も取り消した。実家の両親も「新婚旅行に親がついてくるなんて、常識のない家で我慢する必要はない」と言ってくれたので、実家に帰った。

現在、離婚協議中だが、夫と義父母が「嫁のわがままで新婚旅行を勝手にキャンセルしたのだから、そのことに対する慰謝料を払え」と要求しており、難航している。Sさんのほうは、慰謝料を払う義務は全然ないと思っているが、もう夫とも義父母とも一切関わりたくないという気持ちが強く、お金を払えば離婚できるのなら、そのほうがいいかもしれないと考え始めているらしい。

新婚旅行に夫の両親が同行するのは、常識的に考えてありえないと私は思う。だが、Sさんの夫の両親には、そういう常識が通用しないように見える。それは、姑が「新婚旅行は家族旅行と同じ」と主張したことに端的に表れている。しかも、Sさんに慰謝料まで請求しているのだから、夫と義父母は自分たちに非があるとは少しも思っていないようだ。

こういう家族を変えるのは至難の業だ。だから、Sさんが慰謝料を払えば離婚できるのなら、そうするほうがいいかもしれないと考えるのも、理解できなくはない。だが、Sさんが慰謝料を払えば、Ｓさんの側の非を認めることになる。そうなれば、夫と義父母の自己正当化にさらに拍車がかかり、Ｓさんへの要求もエスカレートしかねない。

第一、新婚旅行に夫の両親が同行すると聞けば、少なくとも現在の日本社会では大多数の人がおかしいと感じるはずだ。そのため、弁護士さんに相談して、「Ｓさんが慰謝料を払う必要はない」ことを夫の側にきちんと伝えてもらうよう助言している。

国際社会の常識が通じないプーチン氏

常識が通じないという点では、第３章でくわしく分析したプーチン氏も同様である。国境線を武力で変更しようとする試みは、21世紀の国際社会の常識からすれば決してあってはならないことだ。

だが、２０１４年のクリミア併合にせよ、２０２２年のウクライナ侵攻にせよ、プーチン氏は国際社会からの批判も経済制裁も意に介さず、平然とやってのけた。しかも、ウクライナでの粗野で違法な侵略行為を「特別軍事作戦」と呼んで正当化し続けている。

おまけに、この正当化は、先ほど述べたように他責的傾向と表裏一体の関係にある。欧米の目的は「わが国を弱体化し、分断し、最終的に絶滅させることだ」と主張し、「わが領土の一体性が脅威にさらされる場合」には核兵器の使用も辞さない構えをプーチン氏は見せている。

そのうえ、「これははったりではない」と付け加えているが、この言葉はウクライナさらには欧米諸国に対する脅しにほかならない。こういう脅し文句をさらっと吐けるところが本当に怖い。さすがに元ＫＧＢで、幾多の修羅場をくぐり抜けてきた独裁者だけのことはある。

家庭でのちょっとしたもめごとから国際社会の紛争に至るまで、常識が通じない人ほど厄介な相手はいない。こういう人を変えるのは至難の業だ。この点では古今東西同じといえるだろう。

虐待する親の自己正当化

常識が通じないという点では、子どもへの身体的虐待によってけがを負わせる、場合によっては死亡させる親も同様だろう。しかも、継父あるいは継母が血のつながらない継子を虐待するのならまだわかるが、実際には実父や実母が血のつながったわが子を虐待するケースが多い。

どうして実の子にこんなひどいことができるのかと首を傾げたくなるが、わが子を虐待する親の話を聞くと、皮肉なことに、実の子だからできるのだということがわかる。その根底に潜んでいるのは所有意識にほかならない。子どもを自分の所有物とみなしているからこそ、自分の好きなように扱ってもいいと思い込む。

実際、子どもへの身体的虐待について、「自分の子どもをどうしつけようが、俺の勝手だ」「子どもを殴るかどうか、他人にとやかく言われる筋合いはない」などと正当化する虐待加害者は少なくない。

こういう親は、子どもにどれほど激しい暴力を加えても、ときには死に至らしめても、あくまでも「しつけ」と主張する。当然、自分が悪いとは思わない。その根底には、「自分の子どもなのだから、しつけのためには何をしてもかまわない」という独りよがりな考え方がしばしば潜んでいる。

親の所有意識と密接に結びついているのが、「自分は親なのだから、少々のことは許される」という特権意識である。この特権意識は、何よりもまず自分の願望や要求を満足させることが家庭で最優先されて当然という自己中心的な思い込みとして表れる。だから、子どもが親の言うことを聞かなかったり、親の思い通りにならなかったりすると、暴力を振るう。

見逃せないのは、虐待加害者には、自分自身も幼い頃虐待を受けていた親が少なくないことだ。この手の親の場合、「攻撃者との同一視」というメカニズムが働いていると考えられる。

これは、自分の胸中に不安や恐怖、怒りや無力感などをかき立てた人物の攻撃を模倣し、自身が攻撃者の立場に立つことによって、屈辱的な体験を乗り越えようとする防衛メカニズムである。フロイトの娘、アンナ・フロイトが見出した（アンナ・フロイト『自我と防衛』）。

このメカニズムは、さまざまな場面で働く。たとえば、学校の運動部で「鍛えるため」という名目で先輩からいじめに近い過酷なしごきを受けた人が、自分が先輩の立場になったとたん、今度は後輩に同じことを繰り返す。同様のことは職場でも起こりうる。お局様から陰湿な嫌がらせを受けた女性社員が、今度は女性の新入社員に同様の嫌がらせをする。

「攻撃者との同一視」は、親子の間でも起こりうる。子どもの頃に親から虐待を受け、「あんな親にはなりたくない」と思っていたのに、自分が親になると、自分が受けたのと同様の虐待をわが子に加える。こうして虐待が連鎖していく。

虐待が連鎖している家庭について相談を受けるたびに、「自分がされて嫌だったのなら、同じことを子どもにしなければいいのに」と私は思う。だが、残念ながら、そういう理屈は通用しないようだ。

むしろ、「自分は理不尽な目に遭い、つらい思いをした」という被害者意識が強いほど、自分と同じような体験を他の誰かに味わわせようとする。いや、より正確には、自分がつらい思いをした体験を他の誰かに味わわせることによってしか、その体験を乗り越えられないというべきだろう。

「攻撃者との同一視」のメカニズムが働いていると、親自身がつらい思いをし、辛抱した体験によって、わが子への虐待を正当化しがちである。しかも、親が壮絶な体験をしたほど、それに比例するようにわが子への虐待は激しさを増す。

これは傷ついた心を守るための防衛メカニズムであり、知らず知らずのうちに働く。当然、自覚がない親が多く、この手の親を変えるのは困難だ。だからこそ虐待の連鎖という悲劇が繰り返されるのではないだろうか。


うまくいったのは幸運のおかげという自覚がない

たまたま運がよくて成功しただけなのに、その自覚がなく、うまくいったのは自分の能力と努力のたまものと思い込んでいる人を変えるのも難しい。そういう人は、うまくいかなくなると、今度はすべて運が悪いせいにして愚痴をこぼす。もちろん、自分が悪いとは思わない。

その典型のように見えるのが、第1章で紹介したIさんの勤務先の社長である。この社長は創業者で、自分が会社を大きくしたという自負が強いらしく、成功体験にもとづいて自分の言いたいことだけ延々と話す。

もっとも、Iさんによれば、この社長の事業での成功は、複数の幸運に助けられた面が少なからずあるようだ。同業のライバル社が放漫経営によってつぶれたとか、資金繰りに困ったとき、ちょうど土地が売れて大金を手にしていた妻の実家から借りることができたとかいったことである。

ところが、このような偶然の要素のおかげで自分が成功できたという自覚が社長にはまったくない。むしろ、すべて自分の力だと思い込んでいるそうだ。だから、最近になって同業他社が増えると、とたんに業績が落ちてきた。

だからといって、もう妻の実家から融通してもらうことはできない。妻の両親はとうに亡くなっており、妻の弟が跡を継いだ実家にはもう売れる土地などないからだ。第一、社長が若い愛人を経理担当として会社に入れたことに腹を立てた妻とは、家庭内別居が続いているらしい。

すると、社長はすべて社員のせいにして、「無能な社員に給料を払わなければならない俺は本当に運が悪い」と愚痴をこぼすようになった。ときには「仕事ができない奴の給料は下げてやるから、覚悟しとけ」と脅し文句を吐くこともあるそうで、それを聞いて、Ｉさんは同業他社に転職することを本気で考え始めたという。

複数の幸運が作用した結果うまくいっただけなのに、能力と努力のたまものと思い込む傾向は、個人だけでなく集団にも認められることがある。その一例として、経済評論家の加《か》谷《や》珪《けい》一《いち》氏は「戦後日本の経済成長は、日本人の不断の努力によって実現したものであり、必然の結果である」という思い込みを挙げている（加谷珪一『縮小ニッポンの再興戦略』）。

もっとも、日本人が必死に努力したことも、結果として高品質の製品を作ることができたことも加谷氏は否定しているわけではない。戦後日本の経済成長は、国民の努力だけではなく、幸運によってもたらされた面も大きいと主張しているのだ（同書）。

日本の高度成長をもたらした偶然の要素として、加谷氏は朝鮮戦争と中国の革命の二つを挙げている。

まず、1950年に勃発した朝鮮戦争によって、日本は米軍の最前線基地となり、開戦直後から日本企業に軍需物資の注文が殺到した。この朝鮮特需のおかげで日本はドルという貴重な外貨を大量に獲得することができ、この資金をベースに一気に高度成長の波に乗ることができた（同書）。

一方、中国では終戦後の大事な時期に国民党と共産党による内戦が勃発し、１９４９年に共産党が中華人民共和国の樹立を宣言するまで続いた。こうして内戦に明け暮れたことによって、中国は近代工業化に大きく出遅れた（同書）。

しかも、朝鮮戦争の終結後も大躍進政策の失敗、さらには文化大革命によって経済が疲弊した。そのため、１９７０年代後半に改革開放路線がスタートするまで、日本にとって圧倒的に有利な状況が続くことになった。いわば中国の失敗による「ライバル不在」という状況に日本経済は助けられたわけだ（同書）。

とくに１９９０年代以降、中国と直接競争しなければならない状況が日本経済にどのような影響を及ぼしたかは周知の通りである。

加谷氏は「幸運であることを自覚できないと、すべてに対して自信過剰になり、判断を誤るケースが増えてくるでしょう」（同書）と述べているが、その通りだと思う。うまくいったのは、ひとえに自分もしくは自分が所属する集団の優秀さと努力のおかげと信じている人ほど、現状を過度に肯定する傾向が強い。結果的に、どうしても現状認識が甘くなることは避けがたい。

また、過去の成功体験を過大評価するあまり、これまでと同じやり方でやっていけばうまくいくと思い込みやすい。そのため、大きな変化が起きても、なかなか対応できない。だからこそ、Iさんの勤務先の会社も日本経済も一気に取り残されてしまったのだ。

もっとも、それでも変わることができない。そうなると、攻撃の矛先が内部に向けられやすくなる。Iさんの勤務先の社長が社員に脅し文句を吐くのも、第5章で取り上げた椅子取りゲームが日本社会の至る所で激化しているのもその表れといえる。

痛い目に合わないと変わらない

自分が幸運であることを自覚できないのは、自己愛が強いからだろう。ナルシシストほど、うまくいったときは自分の能力と努力のおかげ、うまくいかなかったときは他人や環境のせい、あるいは運が悪かったせいと考える傾向が強い。

とくに第3章で取り上げた「無自覚型のナルシシスト」ほど、この傾向が強い。自分が悪いと思わない人にはこのタイプが多く、自身の落ち度は決して認めず、ひたすら自己正当化する。

とくに質《たち》が悪いのが、第3章で取り上げた「ゲミュートローゼ」である。「ゲミュートローゼ」の根底に「悪性のナルシシズム」が潜んでいることはすでに述べた通りだが、そのせいで「自分は偉い」という思い込みを維持するために、現実からどんどん遊離していくことも少なくない。

当然、合理的な判断ができなくなるので、場合によっては破滅の淵に立たされるような事態になりかねない。それでも、決して自分が悪いとは思わない。鋼鉄のような意志で突き進み、ひたすら自己正当化を続ける。うまくいかなくなると、ひたすら周囲を責めて攻撃的になる。

こういう人を変えるのは至難の業だ。もし変えることができるとすれば、本人が痛い目に合ったときくらいだろう。もっとも、罪悪感も良心の呵責も欠如しており、反省も後悔もしないのが「ゲミュートローゼ」の本質的特徴なので、自分が悪かったと悔い改めて変わろうとするわけではない。自分が変わったところを少なくとも表面的には見せておかないと損するという損得勘定に動かされていることが多いので、要注意である。

終章　対処法

第6章で述べたように、自分が悪いとは思わない人を変えるのは至難の業だ。こちらが誠意を持って粘り強く説得すれば、向こうが心から反省して変わるのではないかという期待は裏切られることが多い。そんな期待は、「〜だったらいいのに」という願望を現実と混同する「幻想的願望充足」にすぎない。

しかも、本人が追い詰められ、喪失不安が強まるほど、防衛本能が働く。そのため、どうしても自己正当化に拍車がかかる。そういう精神構造を踏まえて対処しなければ、徒労感と無力感にさいなまれるだけだろう。

謝ったからといって心から反省しているわけではない

自分が悪いとは思わない人を前にして、一言でも謝らせたいと思ったことは誰にでもあるはずだ。私自身もある。だが、それは時間とエネルギーの浪費に終わることが少なくない。

もちろん、謝らせることができれば、こちらの気がすむかもしれない。以前テレビドラマで相手に土下座させるシーンが人気を博したのは、相手に謝らせたいという願望を抱いている視聴者が、土下座シーンを見て代償的満足（compensatory satisfaction）を得られたからではないか。裏返せば、現実生活では相手に謝らせることがなかなかできず、不満を募らせている人がそれだけ多いということになる。

第一、謝ったからといって、自分が悪かったと心から反省しているわけではないだろう。むしろ、自己保身のために一応謝っておこうという戦略のように見えることが少なくない。

たとえば、第2章で取り上げた森元首相は、女性蔑視発言で批判が殺到したことを受け、「大変ご迷惑をおかけしたことを誠に申し訳なく存じております」と一応謝罪したものの、その舌の根の乾《かわ》かぬうちに反省の色がゼロの「逆ギレ会見」を行なった。

形だけ謝罪しておけば、そのうち騒動がおさまるだろうという思惑が透けて見えた。こうした思考回路には、森氏の長年の成功体験に裏打ちされた部分が少なからずあり、それを変えるのはほとんど不可能に近い。

何しろ、森氏には、早稲田大学も産経新聞もほぼ〝無試験〟で入ったという疑惑《ぎわく》がささやかれているほど、強烈な成功体験がある。

森氏は高校時代「早稲田に行きたい」と希望していたが、当時の成績では無理と担任の先生から言われたらしい。

「父も学校に呼ばれ『あなたの息子さんは早稲田は無理ですよ』と言われて帰ってきた。父は反発した。『こうなったら仕方がない。意地でも喜朗を早稲田に入れてやる』と言い、早稲田ラグビー部監督・大西鐵之祐《おおにしてつのすけ》先生への紹介状を書いてくれた」（森喜朗『私の履歴書――森喜朗回顧録』）

森氏の父は町長であり、早稲田大学のラグビー部出身だった。ちなみに、早稲田大学入学後わずか4カ月で森氏はラグビー部を退部している。

大学時代にすでに「将来は政治家をめざそう」と心に決めていた森氏は、そのステップとして新聞記者を志望した。

「私は早稲田に入るときに父の力を借りたので、就職だけは自力で打開したいと考えたが、私の成績で新聞社に入るのは相当困難なことも事実であった」（同書）

だからといって、森氏は簡単に諦めたわけではない。大学時代に、安保反対運動に対抗して安保賛成の声を盛り上げる団体に参加していた森氏は、そこで出会った自民党議員から産経新聞の水野成夫《みずのしげお》社長を紹介してもらい、採用試験を受けることになった。もっとも、森氏は「『試験をやって、その成績が悪いのを理由に採用しないつもりだな』と思ったので『試験は絶対に受けない。水野社長との約束を守ってほしい』と言い張った」（同書）。

それでも、「担当者が『試験を受けないと採用しない』と言うので、仕方なく試験は受けた。試験では白紙の答案を出し、最後に『天下の水野社長は前途有為な青年をつぶしてはならない』と書き加えた」（同書）。

間もなく正式な採用通知が届いて、産経新聞に入社したというのだから、ここまでくると、その厚かましさに脱帽する。しかも、一連の経緯を日本経済新聞の連載で恥ずかしげもなく暴露し、それをまとめた本まで刊行したのだから、もはやあきれるしかない。

いや、それどころか森氏は一国の首相にまで上り詰めた。首相退任後も、東京五輪・パラリンピック組織委員会の会長をはじめとして要職を務め、最近では政財界人の15人が発起人になって胸像制作の募金活動まで進んでいる。

いくら失言や放言で騒動を起こしても、何となく許されてきたのだから、「たかが女性蔑視発言」という認識が森氏にあったとしても不思議ではない。当然、「騒動を鎮めるために一応謝るポーズを見せておこう」と謝罪した可能性も十分考えられる。自分が悪かったと心から反省しているとは到底思えない。

謝ったからといって心から反省しているわけではないのは、森氏だけではない。なかには、第2章で取り上げたMさんの夫のように、「謝れば許してもらえる」という甘い認識から、とりあえず謝るポーズだけ見せる人もいる。こういう人は、自分が謝ったのに許してもらえないと、相手を「心が狭い」「厳しすぎる」などと責めることさえあるので、要注意だ。

この手の人が少なくない現実に目を向けると、謝らせようとするのは必ずしも得策ではないことがわかる。もちろん、相手に謝罪してもらうことによって、こちらの気がすみ、怒りもある程度はおさまるかもしれない。だが、謝罪のポーズを見せる相手が本当に悪かったと心から反省しているわけではない場合、また同じことを繰り返す可能性もあることを念頭に置くべきだろう。

したがって、謝らせようとして手を尽くすよりは、むしろ実害をできるだけ少なくするにはどうすればいいか考えるほうが合理的だ。そのための対処法について解説したい。

まず気づく

何よりもまず、自分が悪いとは思わない人だと気づくことが必要だ。気づかないでいると、いつかは反省し、改心してくれるのではないかという期待をどうしても抱きやすい。そのせいで貴重な時間を空費することになりかねない。

これまで見てきたように、自分が悪いとは思わない人には、たいてい自己正当化と他責的傾向が認められる。第6章で指摘したように、この二つは表裏一体の関係にある。だから、ある人物がこの二つの傾向を持ち合わせているように見えたら、自分が悪いとは思わない人ではないかと疑ってかかるべきだろう。

もう一つの特徴として、「自分は運が悪い」と考えがちな傾向を挙げておきたい。先述の加谷氏は、成功を続けている組織や実業家の考え方の共通項として「自身について幸運であると考える傾向が強い」ことを挙げている（加谷『縮小ニッポンの再興戦略』）。私は逆に、うまくいっていない組織や失敗を繰り返す人から相談を受けることが多いのだが、だいたい運の悪さを嘆く点で共通している。

これは非常に興味深い対比だと思う。裏返せば、自身について幸運だと考える傾向が強い人は、幸運によって得られた富《とみ》やチャンスを失わないように大切にするし、感謝の気持ちも忘れないからこそ成功できるともいえる。

逆に、うまくいかないと、すべて運のせいにして、自分に能力や適性がないせいとも、努力が足りないせいとも考えようとしない人は同じ失敗を繰り返すように見える。わが身を振り返るまなざしを持たず、自分自身が抱えている問題に目を向けようとしないからこそ、いつまで経っても成功できないのではないか。

このような人の正体を見抜くために何よりも必要なのは情報収集である。自分が悪いとは思わない人は同じような失敗やトラブルを繰り返すことが多い。だから、その可能性が高い人物に関する客観的な情報を集めると、その人物のせいで迷惑をこうむった人が自分以外にもいることがわかるかもしれない。

情報収集の効用はもう一つある。自分が悪いとは思わない人には微妙な言い訳がつきものだ。しかも、後から言い訳が真っ赤な嘘だったと判明することも少なくない。そういうことは、周囲の複数の人々から話を聞かないとわからない。だから、情報収集は、自分が悪いとは思わない人の言い訳に含まれる嘘を見破るためにも必要なのだ。

孤立しないようにする

情報を集めるためにも、収集した情報を共有するためにも、孤立しないようにすることが必要だ。孤立していると周囲の人々から話を聞けない。また、自分が悪いとは思わない人のせいでいくら迷惑をこうむっても、相談することも助けを求めることもできない。

孤立していると、自分が悪いとは思わない人に立ち向かううえでも不利である。自分が悪いとは思わない人の言い訳はとても巧妙だし、自分を守るためなら何でもする。だから、こちらが足をすくわれないようにするためにも、日頃から味方をできるだけ多く作っておくにこしたことはない。

誰とも情報を共有できず、困っていても誰も助けてくれそうになく、反撃しようにも誰も加勢してくれそうにない人ほど、自分が悪いとは思わない人のターゲットになりやすい。当然、味方を増やしておくほど、つけ込まれにくいし、反撃するうえでも圧倒的に有利である。

観察眼と分析力を養う

自分が悪いとは思わない人なのかどうか見きわめる観察眼を養うことが必要だ。そのためには、批判的なまなざしで観察する、平たくいえば意地悪な見方をする習慣を身につけなければならない。

一番大切なのは、他人の言葉をうのみにせず、「なぜこんなことを言うのか」と常に疑うことだ。この問いの答えを見つけるには、分析力も必要だ。分析力を養うには、どんな意図があるのか、どういう思惑を秘めているのか、いかなる背景があるのかを常に考えなければならない。

たとえば、プーチン氏はウクライナ政府を「ネオナチ」と呼んで非難し続けてきたが、これは一体なぜなのか。この問いの答えは、第3章で述べたようにプーチン氏がヒトラーと似ていることにある。

プーチン氏は、自身がヒトラーと似ていることを薄々感じているのではないか。だからこそ、そういう「内なる悪」をウクライナ政府、とくにウォロディミル・ゼレンスキー大統領に投影し、徹底的に攻撃することによって、ヒトラー的な「悪」が自分自身にはないかのようにふるまうように見える。これは投影と否認による自己正当化の手口であり、ナルシシストがしばしば用いる。

本書をお読みになって得られた知識を応用し、観察眼と分析力を養いながら、場数を踏んでいけば、自分が悪いとは思わない人を察知するアンテナが鋭敏になるだろう。

距離を置く

これまで見てきたように、自分が悪いとは思わない人を変えるのは至難の業だ。とくに「ゲミュートローゼ」は、第3章で取り上げたように、その本質的特徴として「改善の不能性」が挙げられているほどなので、改善を期待しないほうがいい。

とすれば、できれば離れる、少なくとも距離を置くことが必要だ。自分が悪いとは思わない人から離れるのをためらい、ぐずぐずしていたら、心身がさらに悲鳴をあげるようになるだろう。

だから、不倫やDVを繰り返しても、自分が悪いとは思わない夫に嫌気がさしている妻が経済的理由から離婚に踏み切れない場合、少なくとも夫とは距離を置くことが必要だ。一つ屋根の下で暮らしていても、一緒にいる時間をなるべく減らすとか、できるだけ別の部屋で過ごすとかして、自分が悪いとは思わない人による被害を最小限に食い止めるように工夫しなければならない。

これは、職場に自分が悪いとは思わない人がいることに気づいた場合も同様だ。一番いいのは、逃げるために転勤もしくは退職の選択をすることだろう。だが、小さな会社では転勤先がないかもしれないし、次の仕事が見つからなければ「辞めたくても辞められない」状態に陥るかもしれない。

このような場合、自分が悪いとは思わない人とはできるだけ接触しないようにするしかない。部署の異動や勤務時間の変更を希望して、なるべく顔を合わせないようにするのも手だ。その理由を上司から聞かれたら、話せる範囲内で自分が悪いとは思わない人の所行について報告しておくと、少しは配慮してもらえるかもしれない。

もちろん、直属の上司が自分が悪いとは思わない人のこともあるだろう。そういう場合は、別の部署の上司、つまり〝斜め上の上司〟に相談して、どうすればスムーズに異動できるかを教えてもらうといい。こういうときのためにこそ相談相手を作っておくことが必要だ。そのためにも、日頃から孤立しないようにしなければならない。

戦うのは極力避けるべき

こういうことを書くと、「なぜ逃げることしか考えないのか。どうして戦わないのか」という疑問を抱く方が多いかもしれない。

自らの生命を脅かす敵と直面したとき、動物は戦うか、逃げるかのいずれかを選ぶ。つまり闘争か逃走かの二者択一であり、人間という動物も本能的にどちらかを選ぶ。もっとも、自分が悪いとは思わない人と戦うという選択肢はあまり勧められない。

なぜかといえば、繰り返すようだが、こういう人を変えるのは極めて難しいからだ。もちろん、自身の言動を振り返って反省するとは到底考えられない。この手の相手と戦っても、不毛の戦いになるだろう。変えようのないものを変えようとすると、時間とエネルギーを消耗してクタクタに疲れ果てるのが落ちだ。だから、よほどのことがない限り戦うのは避けるべきである。

面倒くさい奴と思わせる

だからといって、逃げてばかりいたら、なめられて、さらに事態が悪化するかもしれない。それでは、どうすればいいのか。事態を少しでも改善するには、面倒くさい奴と思わせるのが得策だろう。

そのためには、自分が悪いとは思わない人が言い訳を言い出したら、決してうのみにせず、第三者に確かめることが必要だ。たとえば、「そういうことがあったかどうか、1度○○さんに聞いてみます」という言葉が有効だ。この言葉を聞いて、あわてたそぶりを見せたり、「○○さんに聞くのはやめたほうがいい」と言い出したりしたら、言い訳が本当かどうか、かなり怪しい。

実際には○○さんに聞くことができなくても、あるいは聞くつもりがなくても、そうするつもりだと匂わせれば、自分が悪いとは思わない人に対する抑止力になりうる。正直な人ほど後ろめたいと感じるかもしれないが、「毒を以《もっ》て毒を制す」という言葉もある。微妙な言い訳がつきものの自分が悪いとは思わない人に対抗するには、ときには多少はったりをきかすことも必要だ。

あるいは、自分が悪いとは思わない上司から指示された通りにやったのに、いざ問題が発生すると「お前が勝手にやった」と責任を押しつけられ、「上司のおっしゃった通りにやりました」と釈明しても、「そんなことは言ってない」「言い訳するな」と怒鳴られた場合。一体どうすればいいのか。

この手の上司はどこにでもいる。自分が指示したことを認めると責任を取らなければならなくなるので、決して認めず、あくまでも部下に責任を押しつけようとする。こういうタイプにとって何よりも大切なのは自己保身だ。だから、同様のことを繰り返す可能性が高い。

対処法としては、二つしかない。一つは、「大事な指示を忘れてしまってはいけないので、メールでやり取りさせてください」とあくまでも丁寧にお願いし、記録を残すようにすること。必ずしもメールでなくても、何らかの文書の形で共有すれば、それでいい。場合によっては、「大事な指示を間違えて受け取ってはいけないので、録音させてください」

ると言って、ＩＣレコーダーに録音するというやり方でもいい。要は、証拠が残るようにすることだ。

もう一つは、可能な限り一対一にならないこと。自分が悪いとは思わない上司は、責任を押しつけやすい部下と一対一になりたがる傾向がある。これは非常に危うい。汚れ仕事を押しつけられるかもしれないし、不祥事の責任を取らされるかもしれない。だから、この上司は自分が悪いとは思わない人だと気づいたら、適当な理由をつけて、なるべく一対一にならないようにすることが身を守るうえで必要だ。

これまで自分が悪いとは思わない人の被害に遭ったことがない方も、こういう手段をときどき使うといい。そうすれば、少なくとも自分が悪いとは思わない人は近づいてこないだろうから、〝虫除け〟になるはずだ。

好かれる必要はない

もっとも、「面倒くさい奴と思われたら困る。なるべく誰からも好かれたい」という方もいるかもしれない。こういう方は、知らず知らずのうちに八方美人になっていることが多い。これは、他人を喜ばせて周囲から認められ、ほめられることによって自己確認しようとする傾向が人一倍強いからだろう。

そのせいで自分が悪いとは思わない人につけ込まれやすく、迷惑をこうむり続けることになりかねない。それが嫌なら、あなたは次の質問を自分自身に投げかけるべきだ。

「私に迷惑をかけているのに、自分が悪いとは思わない人は、私にとって本当に大事な人だろうか？　その人に好かれることは、私にとって本当に必要だろうか？」

そのうえで、あの人この人の顔を思い浮かべていただきたい。そして、あの人にはどう思われてもいい、場合によっては嫌われてもいいと思えれば、「どうでもいい相手」のリストにその人を入れるべきだ。そんな割り切りができれば、その人に認められたいとか好かれたいとか思うあまり、いくら迷惑をかけても反省しない人を何となく許してきた関係から解放されるはずである。

この割り切りは、自分が悪いとは思わない人から解放されるための第一歩だ。もっとも、実際にはなかなかできないことも少なくない。とくに、これまで犠牲にしてきたものが大きいほど、この割り切りは難しい。長年我慢してきたとか、中絶までしたとかいう場合、なかなか割り切れない。だが、ある時点で見切りをつけて〝損切り〟をしないと、ますます泥沼にはまってしまう。そのことを忘れてはならない。

おわりに

2022年2月に始まったウクライナ侵攻は泥沼化の様相を呈している。当初はロシア軍が圧倒的に有利と見られていたが、欧米から提供された最新兵器によってウクライナ軍が反転攻勢を強めており、一部の占領地域ではロシア軍が撤退を余儀なくされているようだ。

このような状況に危機感を募らせたのか、プーチン氏は同年9月21日、国民向けのテレビ演説を行ない、ウクライナで戦闘を継続すべく部分的な動員令に署名したと明らかにした。これは、戦地に派遣するために、職業軍人だけでなく、有事に招集される、いわゆる予備役も部分的に動員する大統領令である。

驚くことに、この演説でプーチン氏は「欧米側は、核兵器でわれわれを脅迫している。ロシアの領土保全に対する脅威が生じた場合、国家と国民を守るために、あらゆる手段を行使する」と語り、核戦力の使用も辞さない構えを示した。おまけに、「これはブラフ（はったり）ではない」と付け加えた。

プーチン氏がこの演説を行なった背景には、ウクライナ軍の反転攻勢によって広範囲の領土を奪還されたうえ、ロシア軍が兵力不足に陥ったことがあると考えられる。当然、プーチン氏は危機感を強めたはずだが、そんなことはおくびにも出さず、「一歩も引かない」という強い意志を示した。

しかも、「これはブラフ（はったり）ではない」と凄んだのは、欧米諸国も自身の演説に耳をそばだてることを想定したうえでのプーチン氏の脅迫にほかならない。一応スーツにネクタイ姿だったが、ヤクザ映画に出てくる○○組の組長がテーブルにドスを突き立てて脅しているような印象さえ受けた。さすがに元ＫＧＢで、幾多の修羅場をくぐり抜けてきた独裁者だけのことはあると妙に感心した。

こういう脅し文句を吐くことによって、ウクライナさらには欧米諸国がこれまで以上に警戒し、反感を募らせることは十分考えられる。だが、そんなことはどうでもいいとプーチン氏は思っているように見えた。とにかく自分が仕掛けた戦いに勝ち、強大なロシアを取り戻すことしか考えていないのではないか。

こうした思考回路に陥るのは、第３章で指摘したようにプーチン氏がナルシシストだからだろう。ナルシシストが何よりも恐れるのは、自己愛が傷つくことだ。だから、せっかく占領したウクライナの領土の広大な部分をウクライナ軍に奪還され、ロシア軍が戦線の重要拠点からの撤退を余儀なくされたことは、プーチン氏にとって何よりも耐えがたかったに違いない。

この傷ついた自己愛を修復すべく、兵力不足を補うために、予備役まで動員する決断をしたというのが私の見立てだ。しかも、第3章で述べたようにプーチン氏は罪悪感も羞恥心も欠如した「ゲミュートローゼ」である可能性が高い。だから、ロシアやウクライナの兵士、さらには民間人が何人犠牲になろうがお構いなしで、自己愛を守るための戦争を続けるのではないか。

私の見立てが正しければ、プーチン氏は、自己正当化という病が「病膏肓《こうこう》に入《い》る」ほど重症化した典型といえよう。

本書刊行に際しましては、祥伝社編集部の飯島英雄さんと佐藤桃子さんに大変お世話になりました。深謝いたします。

参考文献

大西康之『東芝　原子力敗戦』文藝春秋、２０１７年
片田珠美『無差別殺人の精神分析』新潮選書、２００９年
片田珠美『拡大自殺――大量殺人・自爆テロ・無理心中』角川選書、２０１７年
加谷珪一『貧乏国ニッポン――ますます転落する国でどう生きるか』幻冬舎新書、２０２０年
加谷珪一『縮小ニッポンの再興戦略』マガジンハウス新書、２０２２年
黒井文太郎『プーチンの正体』宝島社新書、２０２２年
三枝成彰『大作曲家たちの履歴書（下）』、中公文庫、２００９年
櫻井義秀『霊と金――スピリチュアル・ビジネスの構造』新潮新書、２００９年
中野京子『怖い絵――泣く女篇』角川文庫、２０１１年
中野京子『美貌のひと――歴史に名を刻んだ顔』ＰＨＰ新書、２０１８年
名越健郎『独裁者プーチン』文春新書、２０１２年
森喜朗『私の履歴書――森喜朗回顧録』日本経済新聞出版社、２０１３年
結城昌子『ピカソ　描かれた恋――８つの恋心で読み解くピカソの魅力』小学館、２００８年

参考文献

アンナ・フロイト『自我と防衛』外林大作訳、誠信書房、1958年
ジークムント・フロイト「集団心理学と自我の分析」（小此木啓吾訳『フロイト著作集第六巻』人文書院、1970年）
ジークムント・フロイト「精神分析の作業で確認された二、三の性格類型」（中山元訳『ドストエフスキーと父親殺し／不気味なもの』光文社古典新訳文庫、2011年）
エーリッヒ・フロム『悪について』渡会圭子訳、ちくま学芸文庫、2018年
アドルフ・ヒトラー『わが闘争』上下巻、平野一郎・将積茂訳、角川文庫、1973年
ベルンハルト・ホルストマン『野戦病院でヒトラーに何があったのか――闇の二十八日間、催眠治療とその結果』瀬野文教訳、草思社、2016年
フリードリヒ・ニーチェ『道徳の系譜学』中山元訳、光文社古典新訳文庫、2009年
M・スコット・ペック『平気でうそをつく人たち――虚偽と邪悪の心理学』森英明訳、草思社、1996年
クルト・シュナイデル『精神病質人格』懸田克躬・鰭崎轍訳、みすず書房、1954年
クルト・シュナイダー『臨床精神病理学序説』西丸四方訳、みすず書房、1977年
ハラルト・シュテファン『ヒトラーという男――史上最大のデマゴーグ』滝田毅訳、講談社選書メチエ、1998年

François de La Rochefoucauld "Maximes" Flammarion, 1977
Glen O.Gabbard : Two Subtypes of Narcissistic Personality Disorder. Bulletin of the Menninger Clinic.53, 527-532. 1989

「週刊東洋経済」２０１８年９月29日号／東洋経済新報社
「週刊新潮」２０２２年７月21日号／新潮社
「週刊文春」２０２２年７月21日号／文藝春秋
「文藝春秋」２０２２年９月号／文藝春秋

切りとり線

★読者のみなさまにお願い

この本をお読みになって、どんな感想をお持ちでしょうか。祥伝社のホームページから書評をお送りいただけたら、ありがたく存じます。今後の企画の参考にさせていただきます。また、次ページの原稿用紙を切り取り、左記まで郵送していただいても結構です。

お寄せいただいた書評は、ご了解のうえ新聞・雑誌などを通じて紹介させていただくこともあります。採用の場合は、特製図書カードを差しあげます。

なお、ご記入いただいたお名前、ご住所、ご連絡先等は、書評紹介の事前了解、謝礼のお届け以外の目的で利用することはありません。また、それらの情報を6カ月を越えて保管することもありません。

〒101-8701（お手紙は郵便番号だけで届きます）
祥伝社　新書編集部
電話03（3265）2310
祥伝社ブックレビュー　www.shodensha.co.jp/bookreview

★本書の購買動機（媒体名、あるいは○をつけてください）

＿＿＿＿新聞の広告を見て	＿＿＿＿誌の広告を見て	＿＿＿＿の書評を見て	＿＿＿＿の Web を見て	書店で見かけて	知人のすすめで

★100字書評……自己正当化という病

名前

住所

年齢

職業

片田珠美　かただ・たまみ

広島県生まれ。精神科医。大阪大学医学部卒業。京都大学大学院人間・環境学研究科博士課程修了。京都大学博士（人間・環境学）。フランス政府給費留学生としてパリ第８大学精神分析学部でラカン派の精神分析を学ぶ。ＤＥＡ（専門研究課程修了証書）取得。2003年度～2016年度、京都大学非常勤講師。臨床経験にもとづいて、犯罪心理や心の病の構造を分析。著書に『他人を攻撃せずにはいられない人』（ＰＨＰ新書）、『賢く「言い返す」技術』（三笠書房）、『他人をコントロールせずにはいられない人』（朝日新書）など多数。

自己正当化《じこせいとうか》という病《やまい》

片田珠美《かただたまみ》

2023年１月10日　初版第１刷発行
2023年３月25日　第３刷発行

発行者……………辻 浩明
発行所……………祥伝社しょうでんしゃ
〒101-8701　東京都千代田区神田神保町3-3
電話　03(3265)2081(販売部)
電話　03(3265)2310(編集部)
電話　03(3265)3622(業務部)
ホームページ　www.shodensha.co.jp

装丁者……………盛川和洋
印刷所……………萩原印刷
製本所……………ナショナル製本

Printed in Japan　ISBN978-4-396-11670-5　C0211

〈祥伝社新書〉
「心」と「身体」の健康

190
発達障害に気づかない大人たち
ADHD、アスペルガー症候群、学習障害……全部まとめて、この1冊でわかる
福島学院大学教授 星野仁彦

356
睡眠と脳の科学
早朝に起きる時、一夜漬けで勉強をする時……など、効果的な睡眠法を紹介する
杏林大学名誉教授 古賀良彦

597
120歳まで生きたいので、最先端医療を取材してみた
ミニ臓器、脳の再生、人工冬眠と寿命、最新がん治療……新技術があなたを救う
実業家 堀江貴文 著
予防医療普及協会 監修

627
糖尿病が怖いので、最新情報を取材してみた
最新治療法から予防法まで、わかりやすく解説。西アズナブル氏のマンガつき！
堀江貴文 著
予防医療普及協会 監修

629
不安の哲学
『嫌われる勇気』の著者がコロナ禍で向き合った不安の正体と処方箋
哲学者 岸見一郎